PSICOLOGÍA OSCURA

Las técnicas secretas para analizar
e interpretar a las personas,
mejorar tu persuasión y evitar
engaño y manipulación

Robert Dawn

ÍNDICE

INTRODUCCIÓN

*"No nos olvidemos de que las causas
de las acciones humanas suelen ser
inconmensurablemente más complejas
y variadas que nuestras explicaciones
posteriores sobre ellas."*
Fyodor Dostoyevsky

La psicología en general se encarga de estudiar y entender el comportamiento del ser humano: pensamientos, emociones, acciones e interacciones con otras personas. En particular la psicología oscura se enfoca en los pensamientos, emociones, acciones e interacciones que son de naturaleza depredadora. Se enfoca en las tácticas usadas para manipular, persuadir, motivar en la dirección buscada y coaccionar a otros para que sus acciones beneficien al manipulador. La psicología oscura, por tanto, puede analizarse como el estudio de las características de la condición humana con la finalidad de sacar partido de ello. Esta psicología tiene como objetivo comprender estos pensamientos, sentimientos, percepciones e interacciones, de modo que luego pueda aplicarse para sacar ventaja de los demás. Ya sea que se aplique para lograr un determinado comportamiento en otra persona o para saber qué tanta influencia se tiene sobre los demás. Por lo general se aplica por razones específicas, aunque en algunos casos su aplicación sea victimizar en forma brutal sin un propósito racional.

En las religiones suelen aplicarse estas técnicas en forma sutil en algunos casos y en otros, donde la religión se transforma en fanatismo, se aplica de forma contundente sin dejar lugar a dudas.

La religión culpa al diablo o a una entidad negativa por la maldad dentro de la humanidad, no culpa directamente al ser humano, sino que lo considera una víctima de esta entidad negativa.

Puede afirmarse que todos los seres humanos tienen un lado oscuro, en algunos es un aspecto leve, en otros un poco más marcado y en otros no se nota porque la persona se encarga de esconderlo muy bien y lo saca a relucir cuando necesita utilizarlo. Estas personas se presentan como los corderos que ocultan al verdadero lobo.

Los rasgos de personalidad que dan inicio al lado oscuro de los seres humanos son: el narcisismo, el maquiavelismo, la psicopatía y el sadismo. Estas características son las que originan el maltrato a los demás.

La publicidad también aplica la psicología oscura buscando aumentar las ventas, generando la necesidad en las personas que miran los anuncios. Además, las consideran como prospectos deshumanizados a los que hay que convencer que necesitan tal o cual producto para vivir mejor o superar sus problemas. La industria de los medicamentos también aplica estos mismos principios, tratando de que las personas recurran a ellos cada vez que sienten una dolencia.

Estas personas actúan sabiendo que buscan manipular para obtener un beneficio y, en la mayoría de los casos, no tienen escrúpulos ni tampoco conciencia y ni siquiera les interesa pensar en las consecuencias que están generando con sus acciones o sus comunicaciones.

Las manifestaciones más extremas de la psicología oscura son los necrófilos, los asesinos en serie, los torturadores, los violadores, los psicópatas y los sociópatas. Personas que solamente encuentran satisfacción en los hechos brutales que son capaces de llevar a cabo.

En este libro no analizaremos los casos extremos de la psicología oscura, sino que nos centraremos en el análisis de los casos con los que las personas se enfrentan casi a diario en su vida cotidiana.

CAPÍTULO 1

QUÉ SIGNIFICA MANIPULAR

"Conocer tu propia oscuridad
es el mejor método para lidiar con la
oscuridad de las demás personas."
Carl Gustav Jung

Una definición simple y sencilla de manipulación tal vez sea: "Manipular es manejar a voluntad a algo o alguien". Si se trata de objetos, utilizar la manipulación es aceptable ya que puedo tomarlo, utilizarlo y luego descartarlo o guardarlo según si puedo volver a utilizarlo en el futuro o no. Pero si se trata de personas, se entiende que las interacciones o la forma de relacionarse entre unos y otros, es de igualdad de condiciones, en las cuales se respetan las capacidades y posibilidades de la iniciativa. Si una persona se relaciona con los demás pensando que son susceptibles de ser manejados a su antojo, está rebajando a las personas a nivel de objetos. Esta modalidad de relación se llama sadismo, de distintos grados, pero en definitiva la relación se vuelve sádica. Parecería que las personas actúan con crueldad sobre los demás y en cierto modo lo es, aunque el que lo ejerce no siempre es consciente de su crueldad. En algunos casos la persona sí es consciente de ello. Pero en todos los casos existe una gran subestima por el otro y su capacidad intelectual, ya que considera que no se va a dar cuenta.

En las relaciones de pareja también puede verse este tipo de interacciones. Cuando el hombre busca tener a su lado una mujer bella para exhibirla como un trofeo, no está mirando a la persona, sino que busca un objeto que a la vez resulte ser un trofeo y le dé un cierto estatus dentro de su grupo social. Incluso en la intimidad puede verse esta relación de objeto ya que lo único que se encuentra presente es la belleza física y lo mucho que esto le excita. La persona, en casos así, se encuentra desdibujada, sus valores, sus gustos, sus ideas, nada tiene importancia frente al hecho de que es una mujer muy bella.

Otro ejemplo de manipulación es el tráfico de personas, que son llevadas de un lugar a otro, con la finalidad de ser explotadas en un determinado trabajo. Este trabajo puede ser tanto en una industria como en la explotación sexual. Estas personas son tratadas como esclavos, los convencen de que de ahora en más esta será la vida que lleven, sin ningún tipo de derechos.

Por otra parte, en la antigüedad se arreglaban los matrimonios y, lógicamente, la mujer era muy joven y sin posibilidades de opinar. Era un objeto de negociación como así también lo era su dote. Eran colocadas en planos inferiores al rango de persona, violentando sus derechos más elementales.

En los ámbitos laborales, cuando ingresa una nueva persona, es habitual considerarla como un potencial enemigo que viene a quitarnos lo que por derecho creemos que es nuestro. Aunque con el paso del tiempo quede demostrado que no vino a quitar nada, los malos momentos iniciales se los hicieron pasar. Algunos lo llaman "pagar el derecho de piso".

Otra manera de considerar a la manipulación es la forma de influir socialmente a fin de modificar los comportamientos y la percepción sobre determinadas cosas o personas, utilizando estrategias indirectas y engañosas. La persona que ejerce la manipulación de esta manera avanza socialmente a costa de los otros.

En ocasiones, la manipulación se usa con la intención de beneficiar a la otra persona, aunque ésta no es capaz de verlo de esa manera. El ejemplo más común en este sentido es la acción que suelen realizar los padres sobre los hijos para que tomen decisiones correctas como por ejemplo alimentarse de forma sana o se dediquen a estudiar. Esta también es una forma de manipulación.

Este tipo de influencia puede ser inofensiva y sin relevancia en lo que se refiere al trato social. No hay coerción ni mala intención, aunque sí hay una clara intención de hacer la voluntad propia por encima de lo que los hijos quieran o deseen. Tal vez los padres tengan razón en hacerlo o no, independientemente de eso, están ejerciendo manipulación sobre sus hijos. Si los hijos son pequeños,
no tienen opción de elección salvo que los padres se las ofrezcan. Si los hijos ya tienen una edad mayor, seguramente podrán oponerse a las solicitudes de los padres, aunque éstos traten de ejercer manipulación sobre ellos.

La persona manipuladora no deja ver sus intenciones y si se la increpa directamente, asume la posición de víctima. Suele iniciar sus acciones de forma casual, buscando agradar mientras va analizando las reacciones de la otra persona. De a poco, va envolviendo a la otra persona con adulaciones y palabras de empatía, hasta que finalmente logra que baje la guardia y se abra, atacando en esos momentos con todo su potencial.

En todos estos manejos, veremos que algunos son más perjudiciales que otros. Si se trata de una publicidad que insta a la alimentación sana y al deporte, se podría considerar una manipulación inofensiva. Si se trata de que las personas busquen tener un determinado cuerpo, entonces esta influencia puede llegar a ser nociva o muy nociva dependiendo de la reacción de quien la mire. Hay personas que llegan a enfermarse por no lograr los ideales de belleza o gastan todo su sueldo en lograr un vestuario que los acerque a dicho ideal, desarrollando una verdadera obsesión por este tema.

Al conocer a una persona, hay que analizar qué tipo de comportamiento tiene con los demás: si es una persona que ejerce liderazgo natural o algún tipo de influencia, es fundamental estar atento con ella, porque en algún momento intentará manipularnos. Creer que "a mí no me va a manipular" es abrir la puerta a la manipulación. A veces cuanto más inofensiva parezca una persona, más peligrosa puede llegar a resultar.

CAPÍTULO 2

RASGOS DE UNA PERSONA MANIPULADORA

"Toma tu distancia de las personas que nunca admiten estar equivocadas, y consideran que todo es tu culpa."
Anónimo

Cuando se logra comprender lo sencillo que puede resultar ser un manipulador, se puede ver el verdadero alcance que logra la manipulación emocional. Las estrategias de las que se vale la manipulación son una derivación de métodos de control ya existentes. Por lo general, no se es consciente de esta manipulación, lo que lleva a pensar que el manipulador aplica las estrategias de forma inteligente porque la víctima no lo nota. Los manipuladores más peligrosos son aquellos que hacen una planificación detallada y fría sin tener en cuenta las implicancias que puede tener para la víctima. Los manipuladores son personas frías, agresivas, oportunistas, insensibles que únicamente piensan en su beneficio. Suelen tener serios trastornos psicológicos, aunque otras veces son personas con una psicología normal que buscan su propio beneficio.

Se pueden evaluar dos tipos básicos de manipulación: los manipuladores eventuales y los manipuladores compulsivos, con comportamiento patológico. Estos manipuladores compulsivos no conocen otra forma de relacionarse con el mundo que no sea a través de la manipulación.

Los manipuladores eventuales sí saben relacionarse de otra forma con el resto del mundo y eligen con quién van a ejercer la manipulación.

La manipulación emocional va logrando un desgaste importante en la persona, mermando su confianza en sí misma y alterando sus percepciones del mundo. Esta degradación es paulatina y se va produciendo sin que la víctima lo note. En general, ésta confía en su victimario y allí se encuentra la llave de control que ejerce. En algunos casos, la fe que tiene esta persona en el manipulador es una fe ciega y permite que tome todas las decisiones.

El manipulador solamente piensa en ganar no importa si logra convencer mientras alcance su objetivo. Cuando se acepta lo que dice el manipulador sin llegar a entender las razones por las cuales se le pide tal o cual comportamiento, se adhiere a una conducta gregaria cuyas acciones están determinadas por la persona que lidera. Así se van moldeando las mentes y las voluntades al antojo de una sola persona.

Un claro ejemplo de ello, son los líderes religiosos que llevan a sus fieles a no aceptar la medicina tradicional o no permitir que le realicen una transfusión aun cuando su vida dependa de ello o la vida de un ser querido. Lo que el líder les dijo se cumple sin cuestionar, considerando que la medicina tradicional solamente los va a perjudicar.

En el caso de los vendedores, hay algunos que hablan en favor de un producto con la sola intención de venderlo. No toma en cuenta las necesidades del comprador, sino que solamente trata de convencerlo poniendo en juego las estrategias que conoce. Además, limita su oferta a una cantidad de productos y le pone un tiempo de duración, generando sensación de escasez y que la oportunidad es ahora o nunca.

En otros casos, marcan un nivel de estatus con ese producto, de modo que, al adquirirlo, se transforma en un grupo selecto de la sociedad en la que vive. Esto es muy común en el rubro automotor. Por ejemplo: la publicidad donde maneja un hombre con una bella señorita sentada a su lado, paseando por lugares de ensueño, con una música de fondo que invita al romance y una voz muy quieta que dice *"Disfruta de las más profundas emociones"*.

En ningún momento de la propaganda, se menciona el hecho de comprar el automóvil, sino que habla de las experiencias que se obtendrán solamente al conducir dicho auto. Marcan el poderío masculino, seducen con una imagen, estimulan el deseo y, por supuesto, anulan la voluntad de pensar. No se menciona el precio, solamente se alimentan los sentidos, las pasiones y los deseos.

Todo esto sin olvidar que recurre a los estereotipos sociales más habituales: el hombre con poder que controla todo y la mujer como figurita decorativa o trofeo para despertar admiración o envidia y generando un certificado de hombre exitoso.

Si al ir de compras, diriges tu atención a los productos más publicitados, debes entender que la manipulación está haciendo efecto en tu psiquis. La decisión de compra que tomes seguramente va a estar basada en los anuncios que viste y, aunque no le hayas prestado mucha atención, igual se incorporaron en tu mente, en tu inconsciente.

En general, este es el tipo de manipulación más habitual que se puede encontrar en los diferentes órdenes de la vida. Se la suele llamar demagogia en lugar de manipulación. La demagogia es una forma de tiranizar en base a halagos y falsas promesas, un doble discurso que marca un tipo de acción aun cuando el demagogo realice otra muy diferente. La palabra demagogia suele tener connotaciones políticas y la historia marca que, si un modo de pensar es adoptado y mantenido como un programa inalterable, se va cargando de una emotividad aun cuando deja de ser un discurso persuasivo.

A diferencia de la persona manipuladora, el que difunde sus ideas en forma franca y explica sus razones, permitiendo que los demás escuchen y opinen, no está ejerciendo la manipulación y aun cuando sus ideas sean erróneas en ningún momento intenta engañar ni convencer. Permite que los demás elijan por sí mismos.

Algunos padres creen que orientar a sus hijos en los valores familiares que ellos recibieron es ejercer la manipulación. En realidad, todo lo que signifique valores familiares se van vivenciando y aprendiendo en forma paulatina, es muy raro que sea enseñado en forma coercitiva.

La persona que quiere manipular dedica su tiempo a estudiar cómo es la psicología de las masas, cómo funciona, cómo se acciona para que actúe en su favor. En general es una persona atractiva y carismática que cae bien porque sus primeras acciones parecen desinteresadas. Pero es solamente un inicio, luego actuará para obtener su beneficio.

Por ejemplo: la automatización es una buena estrategia para lograr la rentabilidad, pero transforma a un operario, que también es una persona con sus propias características, en una pieza de un engranaje de la cual no puede salir ni le permite desarrollarse en la totalidad de sus potencialidades. Es necesario que estos procesos automatizados y repetitivos, sean realizados por una máquina en lugar de una persona.

Los manipuladores no apuntan a los aspectos fundamentales de la cuestión, sino que se centran en detalles secundarios con la intención de desviar la atención impresionando a sus oyentes. Nunca ofrece un panorama global o un enfoque desde diferentes perspectivas, utiliza clichés que están aceptados socialmente como una vía de entrada en la mente de sus escuchas.

No le interesa buscar la verdad sino imponerse y vencer a su oponente utilizando un lenguaje que puede ser ambiguo o dar lugar a diferentes interpretaciones.

Por ejemplo: cuando una inmobiliaria quiere vender una vivienda que es de pequeñas dimensiones, no dice "es una vivienda pequeña" sino que dice "es una vivienda acogedora que busca la unión familiar". Es una verdad a medias que busca generar emociones.

La persona manipuladora, por otra parte, no incentiva el diálogo como una forma de aclarar los diferentes puntos o ideas. No va en busca de espacio para intercambio de puntos de vista, sino que en todo momento busca que acepten su perspectiva a través de un discurso bien elaborado.

También se vale de las tendencias actuales para lograr una mayor efectividad como, por ejemplo:

La libertad es no tener que enfrentarse a ningún obstáculo.

La persona común busca soluciones rápidas y fáciles, tipo receta.

La persona común necesita evitar los conflictos para mantener la paz porque es lo que la hace sentir segura.

Los manipuladores pueden reconocer con facilidad aquellas personas que tienen una mayor predisposición para ser manipuladas porque son inseguras con un tendencia a la fragilidad emocional, son personas sensibles y empáticas, que suelen tenerle miedo a la soledad y muy preocupadas por la opinión ajena con miedo a resultarles una decepción. Además, suelen ser personas muy dependientes en forma emocional.

Una persona insegura se identifica con facilidad porque la tendencia a estar a la defensiva ante el más mínimo ataque o cuando está bajo presión. El manipulador no necesita una gran interacción para detectarla, pero hará sus incursiones para detectarla en su totalidad. En base a eso, el manipulador la tendrá en su mira para cuando la necesite.

Algunas personas demostrarán ansiedad social, lo que llevará a concluir que es una persona con fragilidad emocional, lo que quedará expuesto porque se quiebra con facilidad. Esta condición de fragilidad es temporal por lo que el manipulador deberá aprovechar el momento.

En lo que refiere a las personas que son sensibles, entienden la vida a un nivel profundo con la capacidad de captar los detalles y sutilezas de las relaciones sociales. Evitan lastimar a los demás y les desagrada toda manifestación de violencia. Los manipuladores manifiestan tener cargas emocionales que buscan pasarlas a este tipo de persona y a partir de allí comienzan su manipulación. La persona que ejerce la manipulación se va a acercar porque sabe que por educación no va a ser rechazado además de que tratará de complacerlo.

Otras personas que son objeto de manipulación frecuente son las personas empáticas. Son personas sensibles que tienen una gran capacidad de sintonizar con los sentimientos de los demás. Es probable que, para manipularlas, finja emociones que no siente y es muy probable que la estafe a nivel comercial o financiera.

Otro grupo de personas vulnerables a los ataques de este tipo de depredador, son las personas que tienen miedo a la soledad. Por esta cuestión, son capaces de aceptar todo tipo de compañía que evite la soledad, inclusive una relación de sometimiento o de abuso. Los manipuladores se les acercan como los amigos o pareja ideal y cuando logran su confianza comienzan con el proceso de estafa. Las personas abandonadas en la infancia son las que más sienten la soledad y las que caen con mayor frecuencia.

También caen como víctimas aquellas personas que temen decepcionar a otras personas y que son capaces de todo con tal de no ver una posible decepción. Todos sufrimos este tipo de miedo, pero en algunas personas se vuelve patológico y peligroso. A veces este tipo de miedo influye en las relaciones familiares y la persona hace todo lo que puede para no decepcionar a su entorno más cercano. Otras veces, este miedo se hace extensivo a todas las personas que conoce.

Por último, también son víctimas de los manipuladores, aquellas personas que se relacionan con los demás a través de una relación de dependencia emocional. En general, son personas temerosas de perder sus afectos y por eso se vuelven sumisas, obedientes y en extremo cuidadosas. En cada decisión que van a tomar tienen que consultar a sus seres queridos y necesitan que éstos estén de acuerdo con lo que van a realizar. Todo el tiempo necesitan del consejo y la opinión de las personas que son significativas para ellos. Esto es lo que los manipuladores utilizan en su contra. Se les acercan, le solucionan los problemas, los apoyan de forma incondicional y esta comodidad que generan en la persona dependiente es su estrategia más común.

CAPÍTULO 3

QUÉ SIGNIFICA PERSUADIR

*"El arte de persuadir consiste
tanto en el de agradar como en el de convencer;
ya que los hombres se gobiernan más
por capricho que por la razón."*
Blaise Pascal

En estos tiempos que corren la persuasión se encuentra instalada en cada aspecto del ser humano: en los anuncios de publicidad, en los lugares de trabajo, en las interacciones humanas, en los discursos políticos, en los religiosos y en las interacciones con los seres queridos.

La persuasión es la habilidad de comunicar de modo tal que se convence al espectador para que piense de tal o cual manera, modifique sus creencias o su comportamiento.

La persuasión dispone de herramientas y estrategias que apuntan a aflorar las emociones y desde allí, modificar sus pensamientos, no es control mental pero sí tiene la tendencia a controlar las mentes ajenas. Esta modalidad de control ha sido estudiada desde la antigüedad desde los primeros filósofos griegos. Eran grandes oradores y sabían utilizar las palabras para hacerse entender y para convencer. En general, los grandes oradores son personas altamente persuasivas.

Aristóteles, en sus estudios, dividió a la persuasión en 3 partes: *ethos, logos y pathos.* Llamó *ethos* a la credibilidad de la dispusiera el orador. Aristóteles pudo ver que, si el orador se dirigía a su audiencia con seguridad y convicción, aparecía ante los ojos de sus espectadores como un experto en el tema. Su mensaje era recibido con mucho mayor agrado que el de los oradores que mostraban nerviosismo o duda o llegaban a tartamudear.

La segunda parte, llamada *logos* que significa lógica, fue tomada en cuenta porque descubrió que el discurso tenía que contener aspectos lógicos que formarían su base. Aristóteles consideró que el razonamiento hace suponer a la audiencia que se ha llegado a una conclusión importante por deducción propia, cuando en realidad fueron hábilmente conducidos por el orador.

La parte de *pathos* es la estrategia emocional que lleva a lograr el resultado que se busca. Es decir, la predisposición anímica que se logra a través de las palabras que se dijeron y que conducen a la conclusión. Este es el punto principal de la persuasión que se utiliza actualmente, es decir, apuntar a los aspectos emocionales del tema para sensibilizar.

Por ejemplo: los anuncios publicitarios con sus slogans, colores, jingles, gente linda que está feliz y sueña con mundos maravillosos, etc. De pronto una persona se encuentra mirando su programa favorito y llega la parte de los anuncios. Es casi seguro que la persona no les presta atención de forma consciente, pero inconscientemente, le queda grabado y es casi seguro que en algún momento adquirirá alguno de los productos anunciados. Es como cuando se ve un anuncio de papas fritas y se sienten ganas de comerlas. Es un efecto contagioso.

Todo este tipo de cosas está profundamente estudiado por los investigadores de mercado y cómo se involucra la persuasión en todo el proceso. También se encuentra ampliamente estudiado cómo actúa en la mente humana la persuasión y cómo se traduce en las acciones cotidianas.

En una conversación normal, el que expone una idea utiliza las palabras para hacerlo de forma consciente, logrando una respuesta emocional en el otro. En líneas generales se espera lograr la empatía de la otra persona, por eso, en mayor o menor medida todo el mundo trata de ser persuasivo al comunicarse con los demás. El nivel de éxito será mayor o menor, según la oratoria de cada uno. Las personas que mayor nivel de persuasión tienen, son aquellas que son conscientes de sus propios pensamientos y sus propias reacciones, por eso conocen cómo actúa la persuasión desde su propia experiencia.

CAPÍTULO 4

PRINCIPIOS DE LA PERSUASIÓN DE ROBERT CIALDINI

*"La civilización es la victoria
de la persuasión sobre la fuerza."*
Platón

Para lograr el entendimiento sobre la técnicas de persuasión y cómo se utilizan actualmente en la sociedad, hay que analizar los estudios realizados por el Dr. Richard Cialdini, enunciados en su libro *La Psicología de la Persuasión* publicado en 1084. Siendo Profesor Emérito de Psicología y Marketing en la Universidad Estatal de Arizona, expuso sus principios de forma sencilla y que son continuamente aplicados en el marketing de productos.

Entre los famosos que han utilizado sus principios se encuentra Donald Trump, quien basó su campaña política en ellos. Estos principios clarifican cada uno de los aspectos en los que se puede desglosar la persuasión psicológica y los presenta de la siguiente manera:

Principio de reciprocidad: es la acción la que ejerce la persuasión ya que ofrece algo a cambio de lo que se le pide.

Compromiso y lealtad: es la acción por la cual se logra que la persona persuadida se comprometa con lo que va a hacer y permanezca en su idea una vez que tomó la decisión.

Prueba social: es la influencia que se tiene a nivel social logrando el comportamiento en masas o comportamiento gregario.

Principio de gusto: trabaja la persuasión desde el lado del gusto que la persona tiene y que ejerce el persuasor.

Principio de autoridad: la persona persuade desde su puesto de poder y por el solo hecho de que ella lo dice.

Principio de escasez: solamente el hecho de saber que el producto escasea hace que las personas le presten atención y lo adquieran.

Necesidad de afiliación: tener la necesidad de pertenecer a un grupo con determinadas características.

Principio de reciprocidad: este principio nace de la naturaleza social que tiene el ser humano. Cuando una persona recibe un favor es posible que sienta la necesidad de devolver dicho favor o pagarlo de alguna manera.

Por ejemplo: los Hare Krishna van obsequiando una flor o un libro y al aceptarlo solicitan una donación a voluntad. De este modo, han logrado grandes recaudaciones. La mayoría de las personas que hacen un favor no quiere una retribución, sino que se conforman con un simple *"gracias"*. Esta actitud del tipo altruista puede llegar a ser tomada como un signo de debilidad o que disminuye la importancia del favor. Una forma de hacer valer lo que uno hace es responder *"yo sé qué harías lo mismo por mí"*. Este tipo de respuesta genera sensación de deuda.

La reciprocidad fue definida por Cialdini como la acción que realiza el persuasor cuando ofrece un beneficio a la persona que intenta persuadir a cambio de que acepte lo que le está ofreciendo. Este beneficio puede ser algo que el persuadido necesita o no, pero será considerado como una oportunidad que si no acepta se va a arrepentir. La víctima se siente en deuda con el persuasor, porque tal como lo presentó generó en el oyente esta sensación de estar en deuda, además de distorsionar la realidad de tal modo que aparece ante sus ojos como una persona desinteresada.

Este principio ha dado muy buenos resultados en publicidad. Por ejemplo: se asocia un producto a la imagen de un famoso, entonces la persona lo adquiere en la creencia que de este modo va a estar más cerca de este famoso con el que tiene simpatía o le agrada.

Estos juegos publicitarios, son muy efectivos como si inconscientemente les brindara algún tipo de seguridad entrar en ellos, aun siendo conscientes de que solo es publicidad.

Pavlov demostró los "Reflejos condicionados" a través de perros que fueron alimentados mientras escuchaban una campanilla. Luego de este entrenamiento, los perros escuchaban la campanilla y comenzaban a salivar porque sabían que venía el alimento. Los seres humanos también cuentan con estos reflejos condicionados y son capaces de realizar este tipo de asociaciones inconscientes. Por ejemplo: una marca de cerveza asoció su nombre a actividades placenteras como navegar, esquiar, acurrucarse en pareja y con este hecho logró aumentar notoriamente sus ventas.

Otro ejemplo: es un estudio que se realizó en el cual se les hizo ver imágenes de personas felices en forma repetida a 30 personas que tenían sed, antes de hacerles beber un refresco nuevo. Esto llevó a que consumieran en grandes cantidades el producto y que, además, lo pagaran el triple del valor de cualquier otro refresco.

Estos reflejos condicionados, también pueden ser utilizados de forma positiva para ayudar a las personas a llevar adelante una dieta o motivarlas para que realicen actividad física. Por ejemplo: todos los días a las 8 de la mañana estoy listo para mover mi cuerpo y disfrutar de su tonificación.

Principio de compromiso y lealtad: la lealtad es un principio que evita que se le dé la espalda al grupo, principio o relación hacia el cual se tiene este sentimiento. La lealtad va estrechamente ligada a la conciencia de la persona y al compromiso tácito que ésta realiza con este grupo, principio o relación.

Las personas que valoran el compromiso y la lealtad son personas con un alto sentido del deber y de la responsabilidad. Lealtad y compromiso son dos valores que actúan en forma conjunta. Ser leal indica ser digno de confianza y el compromiso indica que se tiene convicción y coherencia con sus creencias. Una persona comprometida es aquella que cumple con sus obligaciones en exceso, es decir, un poco más de lo que se espera de él. En el ámbito laboral, las personas comprometidas sienten propios los objetivos de la empresa. Cuando da su palabra lleva este compromiso hasta el final. Su integridad es fundamental y la coherencia es la base de generar confianza en los demás. Por todo esto es que los depredadores encuentran la posibilidad de manipularlos en este tipo de personas leales y comprometidas.

Principio de prueba social: este principio es muy poderoso porque se basa en el consenso social. Para entenderlo veamos el siguiente ejemplo: hay dos bares, uno en frente del otro, en uno hay tantos clientes que hay personas esperando afuera para que los atiendan y el otro está vacío. Cuando las personas llegan y ven esto, 9 de cada 10, esperarán afuera del que está lleno y el motivo es "como está lleno debe ser bueno", "si está lleno debe tener la mejor calidad o los mejores precios". A este tipo de comportamiento se lo llama prueba social. Por eso el marketing suele utilizar slogans que dicen "somos 200.000 y seguimos creciendo, únete a esta gran familia". También utilizan los testimonios de personas que quedaron satisfechas con el producto o el servicio.

Está comprobado que los productos que mejor se posicionan son aquellos que tienen consenso social. Además, está muy estudiado el hecho de que la publicidad debe salir en los medios televisivos en los horarios en los que las personas se encuentran en sus casas descansando frente al televisor.

Este principio también se utiliza en los entrenamientos militares donde si los soldados están descansados, aun cuando se les dé la orden de disparar sobre hospitales o sobre civiles inocentes, es probable que no quieran hacerlo. Pero si los mantienen 36 horas sin dormir, estarán dispuestos a disparar sobre cualquier cosa sin cuestionar la orden. También se aplica en los interrogatorios policiales donde se deja esperando a una persona durante tanto tiempo que se puede lograr que una persona inocente se declare culpable.

Principio del gusto: este principio se basa en el hecho de que las personas eligen a partir de aquellas cosas que son de su agrado. Por ejemplo: está comprobado que aquellos vendedores que van de puerta a puerta tienen éxito en base a su capacidad de entablar una relación de confianza con los clientes y, gracias a ello, lograr influenciarlos en las compras. Este principio fue investigado por el psicólogo Daniel Kahneman, Premio Nobel de Economía, y Vernon Smith, quienes establecieron las bases de la neuroeconomía. Ellos demostraron que las personas no solamente le compran a quienes les caen bien, sino que son capaces de pagar precios más caros.

En pocos casos estos principios no se cumplen, demostrando la irracionalidad del pensamiento de las personas. Además, en ocasiones no se cumplen estos principios porque la persona comprende que está bajo su influencia. A veces no se cumplen por influencias externas como el clima, cómo, por ejemplo: en días nublados las personas tienden a sentir melancolía por lo que no se van a sentir dispuestas a comprar. En otras ocasiones se utilizan frases sin sentido con la intención de captar la atención del oyente. Por ejemplo: la frase "deja que te haga una pregunta para tu información", es una frase que llamará la atención porque el que habla está diciendo que el oyente recibirá información, aun cuando la frase en sí no tiene sentido. Utilizando este principio, los estudios de Hollywood colocan anuncios publicitarios dentro de sus películas, de modo tal que resultan muy naturales y hasta necesarios, generando gusto por ellos entre las personas que vieron la película y ésta les gustó. Los valores publicitarios que manejan al ser realizados de esta manera son muy elevados porque saben que la retribución que logran supera ampliamente la inversión. En la serie televisiva Seinfeld, el protagonista decía en voz alta el nombre del producto y un estudio demostró que cuando esto sucedía se elevaban los índices de venta del producto. Las personas reconocen la influencia de la publicidad sobre sus juicios, pero igual se dejan convencer porque es lo que está socialmente aceptado.

Principio de autoridad: este principio se pone de manifiesto a partir del hecho de que a las personas les gusta obedecer lo que dice una autoridad sin cuestionar. Hasta tal punto es así, que pueden llegar a obedecer aun cuando lo que se les pide es poco ético o cuestionable. Un ejemplo de esto fue un experimento que se realizó en las puertas de un banco. Al cajero se le colocó un cartel que decía "cajero fuera de servicio, entregar los depósitos al policía". Este policía era un reportero disfrazado y que se había parado al lado del cajero. En el término de 2 horas, le entregaron unos 10.000 dólares entre efectivo y cheques, además de seguros sociales, tarjetas de crédito, números de cuenta, códigos de ingreso, PIN y muchas cosas más que los bancos dicen que los clientes no tienen que difundir. Solamente una persona dudó y no entregó nada al policía. Cuando se preguntó al resto de las personas por qué lo habían hecho, contestaron que era un policía. A nadie se le ocurrió la idea de que el policía podría ser falso.

En otro experimento se ofreció un curso de marketing en dos modalidades: la primera lo dictaba un hombre bien vestido, refinado, atlético y el segundo lo dictaba un hombre obeso, desalineado y mal vestido. De 10 personas, 9 elegían la primera opción porque cumplía con el estereotipo de ejecutivo exitoso. El segundo era visto como un estafador.

Está demostrado que, si se ingresa en un lugar donde hay un guardia a la entrada que pregunta *"a dónde va?"*, si se ingresa con un lenguaje corporal que denota seguridad, determinación y autoridad, el guardia dudará y es casi seguro que no preguntará porque esa seguridad le hará pensar que es un alto funcionario y que preguntar puede resultar ofensivo.

Principio de escasez: es la tendencia que lleva a creer que un determinado producto tiene disponibilidad limitada. Ya sea en cantidad como en disponibilidad en el tiempo.

Este principio se basa en la idea de que lo que escasea es más valioso que lo que abunda. Las empresas de subasta todo el tiempo utilizan este principio sobre todo cuando varias personas se disputan un producto. También es muy utilizado por estafadores financieros, quienes dicen que no dejen pasar esta oportunidad o que esta es la decisión que cambiará su vida. La forma de no caer en este principio es ser consciente de su existencia y que un producto o un servicio no va a modificar la vida de nadie. Siempre existe con qué reemplazarlo.

Necesidad de afiliación: este principio se basa en que el ser humano es sociable y quiere vivir junto a otros seres humanos y ser aceptado y querido en el grupo que eligió. El desarrollo emocional que tenga juega un papel muy importante como así también su necesidad de depender de las personas que conforman su entorno. La necesidad de afiliación se define como aquellas acciones que surgen a partir de la búsqueda de bienestar dentro del grupo de pertenencia.

La mayoría de los seres humanos no soportan ser rechazados por su entorno cercano y tratarán de evitarlo a toda costa. Es probable que hagan todo lo posible por lograr la aprobación de estas personas. Esta necesidad de afiliación se completa con el principio de reciprocidad y del gusto. El persuasor se valdrá de esta necesidad para lograr su objetivo. Su discurso estará orientado a indicar que, si hacen tal o cual cosa, obtendrán la admiración de su grupo de pertenencia.

El ser humano necesita elaborar, mostrar y reforzar la visión que tiene de sí mismo y del lugar que ocupa en el mundo, buscando su propia afirmación en los demás.

CAPÍTULO 5

FORMAS DE MANIPULAR

*"Para manipular eficazmente a la gente,
es necesario hacer creer a todos
que nadie les manipula."*
John Kenneth Galbraith

Una de las maneras de llevar adelante una buena manipulación es a partir de la mirada. La influencia de la mirada es tan importante que muy pocas personas son capaces de escapar de ella. Algunas miradas atraen con tanta naturalidad que logran que las miren sin pestañear por un período de tiempo prolongado. Esta mirada refuerza lo que se está transmitiendo en forma oral y tiene la habilidad de sugestionar. Esto también se ve en los animales ya que algunos inmovilizan a sus presas a través de una mirada muy intensa. Esta mirada puede resultar desafiante y, a veces, molesta a tal punto que la otra persona termina desviando la mirada. Si esto sucede no se está logrando lo que se busca con la mirada.

La fascinación de la mirada puede comenzar con un tema poco trascendente y con miradas sutiles, de modo de ir captando la atención del oyente en forma paulatina y ganando su mirada al ir adquiriendo un poco de confianza en lo que se le está diciendo. Sin apuro, brindando espacio para que la otra persona se exprese, se creará un clima donde la mirada podrá ejercer su efecto. Estos pasos son necesarios para que la mirada llegue a tener el efecto que se busca, apurarse o realizarlo de forma directa lleva a que el oyente se coloque a la defensiva.

La influencia de la mirada es poderosa y bien utilizada es una gran aliada a la hora de disertar ante el público. Por eso no tiene que ser tomada a la ligera, porque es una verdadera arma que puede servir para defensa y, a la vez, como una buena ofensiva. Es por eso que, para utilizarla, se tiene que tener una mente fuerte, focalizada, que sea capaz de concentrarse y que conozca la naturaleza humana en profundidad. Una persona que tenga carácter fuerte es probable que no reciba la influencia de la mirada porque su propia naturaleza lo protegerá.

Otra forma de manipular es a través del buen ejemplo, como siempre se dice *"un ejemplo vale más que mil palabras"*. Tal como puede ser el siguiente relato que puede resultar inspirador:

"En Japón, cuenta la historia que un hombre salió a buscar una rosa y estuvo mucho tiempo buscándola sin poder hallarla. Las flores nuevas que iba encontrando, tenían belleza, pero no llegaban a los rumores que había escuchado sobre lo inconmensurablemente bella y lo grandioso de su perfume. En su larga búsqueda conoció a las amarilis que se mecían en sus tallos flexibles, mostrando sus hermosos puntos marrones. Disfrutó también de las peonías y su agradable aroma, con su forma de arbusto en llamas. Apreció las acacias, con las estalactitas que dominaban el entorno. Los claveles carmesí con sus cálices verdes, los lirios que lucían su color negro con orgullo y muchas más que llegaron a cautivar sus sentidos. Este hombre llegó a la conclusión que ninguna de ellas era la rosa de la que había escuchado. Ya había perdido la esperanza cuando vio una mariposa de bellos colores que descansaba sobre un arbusto. Un perfume maravilloso parecía provenir de ella mientras movía con suavidad sus alas. El hombre, con gran sorpresa, se acercó y le dijo:

-Hermosa criatura, que luce colores brillantes y exhalas un dulce perfume, ¿es posible que tú seas la rosa?
No -le respondió la mariposa- no soy yo la rosa, pero vivo muy cerca de ella, disfruto de sus arcos y ramas en flor, duermo en el hueco de sus pequeñas corolas y me alimento del dulce perfume que emanan sus flores. Por eso estoy tan impregnada de su olor y he logrado engañarte."

Este relato sereno y descriptivo es excelente para introducir un texto o una disertación y predisponer de forma positiva al oyente o al lector a lo que viene después.

Cada persona que escucha este tipo de historias hace su propia interpretación y sus propias asociaciones positivas. El pensamiento que se genera en un centro envolvente del cerebro es proyectado hacia los demás cerebros que pueden ser de un calibre más débil de modo que lo registran de forma mecánica para luego reproducirlo.

Un orador tendría que ser capaz de influenciar a sus oyentes de forma positiva, logrando una transmutación de pensamientos negativos y egoístas en ideas altruistas que busquen el bien común. En algunos casos, esta influencia será temporal y en otros será definitiva. En el primer caso, el temor al cambio puede ser el motivo por el cual la influencia es temporal o porque la persona entendió que dicho cambio no le conviene.

Otra forma de manipular es sembrar una idea en la mente de las personas. Dependiendo de cuál sea la idea, esta técnica puede traer grandes beneficios a la humanidad. Aunque suele utilizarse para fines egoístas, tal como lo realizan los anuncios publicitarios, con la intención de que las personas dirijan su atención en un determinado sentido. Es una técnica poderosa y se trabaja sobre el siguiente patrón:

"¿Es ... (aquí se menciona el tema a exponer) ... (una afirmación sobre dicho tema)?"

Esta aseveración es un atributo del tema y puede ser tanto positivo como negativo, dependiendo de lo que se espere lograr de los oyentes. La respuesta tal vez sea un sí o un no. También puede ser una pregunta retórica que expresa una opinión de forma encubierta.

Por ejemplo:

¿Las plataformas vibratorias constituyen una opción para mantener la tonicidad muscular para las diferentes edades?
¿Las plataformas vibratorias pueden ser peligrosas para los individuos que poseen una prótesis o para aquellos que tienen problemas cardíacos?
¿Los perros de raza doberman son los mejores guardianes para un hogar?

Estas preguntas que aparentan inocencia dirigen la atención de los oyentes hacia el tema que se quiere tratar y pueden sembrar la duda sobre las creencias que dicho oyente trae. También se introduce la intriga o se despierta la curiosidad intelectual. Esta técnica tiene variaciones en su patrón original a fin de crear nuevos patrones que actúen de otra manera, pero logrando el mismo efecto. Por ejemplo:

¿Has notado que...?
¿Te diste cuenta de ...?
¿Alcanzas a entender que...?
¿Consideras que...?
¿Te pusiste a pensar alguna vez que...?

Entonces las oraciones introductorias podrían quedar de la siguiente manera:

¿Te pusiste a pensar en que la imagen que muestran los demás puede jugarle a favor o en contra dependiendo de los conceptos sociales con los que se mida?
¿Te has dado cuenta de que si no tienes un currículum bien redactado se vuelve difícil encontrar trabajo?

¿Notaste la importancia que puede tener saber dos idiomas a la hora de lograr un trabajo bien remunerado?

Por ejemplo: si el tema es la superación en el ámbito laboral, una forma de introducir al tema puede ser ¿sabías que Bruce Lee, el gran artista marcial, solía decir hay que fluir como el agua porque es suave, se adapta a los espacios, pero nada doblega su voluntad de fluir?" y así introducir al tema de lo que significa el devenir de los acontecimientos y que lleva a la superación.

Otra técnica muy utilizada a la hora de buscar manipular es apelar a la identidad de las personas. Cada persona tiene su propia identidad que lo identifica, que da una especie de sello, por eso, una forma de persuadir es apelar a su identidad y hacerle notar que es valiosa por ello.

Según el empresario Dale Carnegie, quien ha estudiado la comunicación eficiente entre personas, dice que a las personas hay que brindarles una reputación que se esforzarán en lograr y mantener. Existen varias formas de lograr que una persona tenga una reputación, a partir del siguiente patrón:

"Te puedo decir en verdad que eres una persona que... (identidad)... porque (se manifiesta la razón por la que se le está dando esta identidad)".

Por ejemplo:
"Te puedo decir que eres una persona muy inteligente, porque estás haciendo una carrera muy difícil."
"Te puedo decir que eres una persona que busca estándares elevados porque has decidido crecer en tu trabajo."

De este modo se genera un patrón de identidad para la persona y se le da pertenencia a un determinado grupo, utilizando así la necesidad de afiliación. Una variante de esta técnica es utilizar un esquema de palabras cómo, por ejemplo: *"mente abierta".* Si se le pregunta a un grupo de personas si tienen la mente abierta, el 90% de ellas responderá que sí. Esto es así porque por comparación serían de mente cerrada y, al lograr el consenso de personas de mente abierta, es mucho más sencillo que acepten la idea que se les exponga para mantener el estatus de persona de mente abierta. Una variante a esta premisa es enunciar las frases de la siguiente manera:

"¿Qué tan abierta puede ser tu mente como para poner a prueba las siguientes alternativas?"
"¿Qué tan abierta es tu mente para permitir que trabajemos juntos?"
"¿Qué tan abierta está tu mente para poner en práctica este método y así aumentar tus ingresos mensuales?"

Otra forma de referenciar la identidad de una persona, cuando no hay mucho conocimiento sobre ella es utilizar el siguiente patrón:

"Apuesto a que tú eres como yo, aunque sea solo un poco y ..."

La primera parte de la oración marca un acuerdo y eso facilitará el acuerdo en la segunda parte de la oración. Por ejemplo:

"Apuesto a que tú eres como yo, aunque sea solo un poco y prefieres disfrutar de un trabajo que te dará muy buenos dividendos en un futuro cercano."

"Apuesto a que tú eres como yo, aunque sea solo un poco y te molesta perder el tiempo frente al televisor."

"Apuesto a que tú eres como yo, aunque sea solo un poco y tienes tantas ocupaciones que haces malabares con el tiempo para poder cumplir con todas tus obligaciones."

Además, es frecuente que la persona que escucha vaya realizando en su mente algunas representaciones mentales, concordantes con el discurso que está escuchando. Este es un proceso natural y normal mientras se escucha una idea nueva o también cuando se recuerdan ideas que ya se tienen. Por eso, este hecho también se convierte en una herramienta de manipulación. Por este motivo, es que los oradores recurren a imágenes porque son conscientes de este proceso y saben que lo ayudará en su discurso. Por ejemplo: si el orador dice que vio una hermosa ave volando sobre el molino y dirigiéndose a la montaña, la audiencia tendrá en su cabeza dicha imagen. Si luego dice, de pronto la niebla borró todas mis imágenes, lo mismo sucederá en la cabeza de cada oyente.

Hay otras frases que harán un poco más complejo el hecho de imaginar, pero esto ayudará a sembrar la confusión en la mente del oyente. Por ejemplo:

"Entender la idea que sigue es fácil.
"Entender la idea que sigue no es difícil."

En ambas oraciones se está diciendo lo mismo pero las imágenes mentales que se originen a partir de allí pueden ser muy diferentes en cada persona. Cuando se inicia la disertación con frases como *"imagina que..."* o *"supongamos que..."* se le está dando a la mente la posibilidad de liberarse y vivir su propia imaginación en la dirección que se le dé luego.

Si a la audiencia se le habla de sus temas preferidos las imágenes mentales saldrán con mucha facilidad. Este es el proceso que se da cuando leemos un libro. A medida que se avanza sobre él, las imágenes van apareciendo y casi se podría decir que se puede ver como una película en la mente. Tanto el televisor como el cine y todo aquello que sea visual coarta la posibilidad de liberar la imaginación porque las imágenes ya están allí.

Un comunicador que tenga habilidad sabe cuál es la clave del éxito y la aplica. La liberación de la imaginación junto con la personalización sensible del mensaje es el cóctel más efectivo para lograr que el oyente se sienta atraído por el mensaje. Este mensaje, dicho de esta manera, logró tocar sus fibras más sensibles y este hecho lo predispone positivamente para aceptar lo que le dicen.

CAPÍTULO 6

REFUERZO POSITIVO
Y REFUERZO NEGATIVO

"Aléjate de la gente que trata de
empequeñecer tus ambiciones.
La gente pequeña siempre hace eso,
pero la gente realmente grande,
te hace sentir que tú también puedes ser grande. "
Mark Twain

Refuerzo positivo: este tipo de refuerzo es una forma de reconocer en la otra persona sus acciones y compensarlas como forma de valorizarlas. El refuerzo positivo es un premio por haber realizado una buena acción o un buen trabajo. Esta valorización aumenta las probabilidades de que los buenos comportamientos se repitan.

Es totalmente normal que a los seres humanos les guste ser reconocidos por sus trabajos, sus servicios y sus esfuerzos. Significa que no es invisible ante los demás y que lo que hizo marca una diferencia entre no realizar ninguna acción y hacerla, además de que es tenida en cuenta.

Las personas que profesan la religión católica piensan que tienen que hacer el bien para que Dios los recompense en el cielo. También suele utilizarse como muletilla con los niños para que realicen buenas acciones. Además, les dicen que si te portas mal Dios te va a castigar.

Por ejemplo:

"Este mes tendrás un bono extra por haber aumentado la productividad. "
"Te ganaste un dulce por haber guardado tus juguetes. "
"Hoy no tienes deberes porque la tarea la terminaste a tiempo en clase. "
"Este presente es porque me ayudaste a estudiar. "

En general, el refuerzo positivo se utiliza para que la persona comprenda que sus acciones trajeron beneficio que es apreciado. Si bien hay personas que recompensan porque verdaderamente valoran lo que hacen por ellos, también es cierto que los manipuladores utilizan el refuerzo positivo para manipular a sus víctimas. La mente conecta este refuerzo como consecuencia de lo que hizo, entonces es muy probable que vuelva a realizar ya sea las mismas acciones o acciones similares para lograr la aprobación de los demás. En su mente también queda grabado cómo se sintió cuando lo recompensaron.

Los manipuladores buscan el refuerzo para generar un comportamiento que los beneficie, dando como mensaje *"si no criticas lo que hago, tendrás una recompensa que sea de tu agrado".* Por ejemplo: el jefe que compensa a su empleado para que no diga que está desviando fondos de la empresa a su cuenta personal.

Incluso la recompensa puede ser tal que una persona llegue a realizar una acción que normalmente no realizaría. Aquí se ponen en juego los valores morales que tenga la persona. Los manipuladores intentarán por todos los medios lograr su cometido adormeciendo los sentidos y los juicios de valor que pueda tener la persona. Es importante destacar que, si tiene éxito una primera vez, hará intento de lograr otros objetivos con la misma persona a quien ya pudo manipular.

También es muy posible que la víctima piense que es importante en la vida de su victimario y este agradecimiento afiance las relaciones entre ellos, generándose confianza entre ambos. Algunos manipuladores se acercan a una persona diciendo "tú que eres tan inteligente" y a continuación piden un favor alegando que no lo pueden hacer porque tienen sus limitaciones intelectuales. De ti depende hacerle notar que te diste cuenta de su manejo y hacerle o no hacerle el favor que solicita.

Entre los refuerzos positivos se encuentra el hecho de persistir. Persistir es un hecho del tipo positivo que invita a no rendirse ante la adversidad y mantenerse en el objetivo, por eso es un punto de partida para los manipuladores.

La persistencia es natural en el ser humano y es una de las formas más comunes en que el ser humano se comunica. Hay que tener en cuenta que, dentro de ciertos límites, es inofensiva y hasta necesaria, actuando sobre el individuo de forma positiva.

Dicho de otra manera: la persistencia es una interacción entre personas en la que una realiza una solicitud de forma repetida, mientras la otra la ignora también de forma repetida. La batalla terminará cuando una de las dos personas cambie su voluntad: o bien el solicitante deja de solicitar, o bien la otra persona termina accediendo.

Por ejemplo:

"No me voy a ir de acá hasta que no cambies ese espejo."
"No me voy a callar hasta que dejes de fumar."
"Inicia la dieta cuanto antes porque tus quejas de no poder hacerlo son tu gran limitación y yo voy a estar aquí para recordártelo."

Los padres suelen utilizar la persistencia todo el tiempo con sus hijos, de modo de lograr que éstos aprendan a tener hábitos que beneficien su salud. La persistencia utilizada de esta manera tiene su aspecto positivo. Pero en el caso de los manipuladores, hay muchas posibilidades que su aplicación no sea beneficiosa para la víctima. Una forma de saber si la persona que actúa de forma persistente tiene buenas o malas intenciones, es realizando las siguientes preguntas:

¿Solicita algo que solamente le beneficia a ella?
¿Hay algún tipo de amenaza dentro de lo que está manifestando?
¿Me adula de forma maliciosa dentro de su persistencia?
¿Utiliza la culpa en su discurso para intentar convencerme?
¿Expresa su discurso acompañado de la expresión "de lo contrario sucederá..."?

En general, se considera que la persistencia es la llave para lograr el éxito laboral o profesional y también económico. Es también una forma de fortalecer el carácter, la voluntad y también la autoestima. También puede desarrollar el sentido del compromiso y la visión de futuro. Así mismo, estimula la paciencia tan necesaria para luchar por un objetivo sin abandonar.

Por ejemplo:

Walt Disney fue rechazado en sus comienzos por ser considerado sin talento para la caricatura. Él solía decir que el éxito dependía del hecho de no abandonar.

Los hermanos Wright fueron criticados por la idea de querer construir máquinas para volar. De no haber persistido no hubieran logrado su primer vuelo con su Kitty Hawk.

Enrico Caruso fue rechazado por todos los maestros de canto de su época por ser considerado incapaz de cantar. Fue autodidacta y llegó a tener una fama indiscutida pudiendo romper cristales con su voz.

Bruce Lee era miope, tenía su columna desviada y una pierna más corta que la otra. Eso no le impidió llegar lejos dentro de las artes marciales, convirtiéndose en maestro de Kung Fu e inventando su propia arte marcial el Jeet Kune Do.

Otra forma de persistencia es el llamado *"Bombardeo de amor"* que es muy usado cuando se espera conquistar a alguien. La diferencia es que la persona que lo ejerce no espera solamente una relación amorosa, sino que espera manipular a su víctima con diferentes intenciones. Que alguien que acabas de conocer inicie este bombardeo, es un motivo para desconfiar, porque rara vez las personas despliegan tanta generosidad solamente con intenciones altruistas. Si la víctima permite que la persona avance en este método, está permitiendo su sometimiento con el peligro de perder su identidad, su entorno de amigo y es muy probable que también pierda el dominio de su dinero. Todo esto, seguramente, también la llevará a perder su salud mental. Es muy efectivo el bombardeo del amor, sobre todo si la persona tiene poca autoestima o se encuentra un poco aislada. Por eso es muy utilizado por estafadores que atentan contra personas de la tercera edad que no disponen de una gran atención por parte de sus familiares.

De este modo, se llega enseguida al corazón de la víctima y se gana su confianza. La persona que lo aplica es agradable, carismática, con buenos modales y logra una buena conversación de forma natural con la víctima. Todo sucede con tanta rapidez que la víctima no alcanza a darse cuenta de lo que está pasando en realidad. El depredador que utiliza esta técnica colma a la persona de atenciones que no había tenido antes y ésta se encuentra tan reconfortada que le toma cariño con gran facilidad.

Refuerzo negativo o castigo: de la misma manera que se aplica el refuerzo positivo por realizar la acción esperada, también existe el refuerzo negativo en el cual se evita que una acción considerada negativa, se lleve a cabo. A veces se lo considera como un castigo, pero algunos investigadores prefieren diferenciar el refuerzo negativo del castigo, considerando a este último como una acción negativa que intenta ejemplificar a la persona que realiza las acciones que no debe. Este refuerzo también es utilizado por los manipuladores para presionar a las víctimas para lograr sus propósitos. En general es una presión psicológica lo que se ejerce.

Por ejemplo:

"Si no lavas los platos esta noche, mañana los encontrarás llenos de hormigas. "
"Lava tus dientes para no tener caries. "
"Si no haces tu presentación de impuestos vas a recibir una multa. "
"Eleva tu productividad si no quieres perder este trabajo."
"Si no entrenas todos los días no esperes ganar la competencia."
"Si no te haces la cirugía tu marido seguro va a engañarte."
"Si traes buenas notas del colegio, no tendrás que limpiar tu habitación."

Estos ejemplos demuestran que los refuerzos negativos son más frecuentes de lo que generalmente se cree. Estos refuerzos fortalecen las respuestas esperadas, en cambio el castigo termina debilitándolas. Además, es desmotivador.

¿Por qué se llama negativo si está produciendo un comportamiento positivo? La cuestión es que este comportamiento positivo se produce por miedo. Por ejemplo: si alguien deja de fumar porque le tiene miedo al cáncer, está buscando una acción positiva que nace de un miedo. El refuerzo negativo puede también traer acciones problemáticas, porque la persona que lo recibe está sufriendo una acción psicológica que puede acumular frustraciones y enojos. Muchas veces la persona cumple porque quiere terminar con ese estímulo negativo que la está persiguiendo.

Una gran desventaja de este refuerzo es que genera un ambiente estresante en todos los órdenes de la vida. Si se aplica en el entorno hogareño va a lograr desconfianza entre sus miembros.

En el ámbito laboral fomentará una competencia basada en el sálvese quien pueda, en lugar de estimular el compañerismo y el trabajo en equipo. Con este refuerzo se potenciarán los conflictos, la desconfianza y las emociones negativas, aunque en principio parezca que se soluciona un problema puntual.

Las presiones que ejercen algunas naciones con un desarrollo económico importante sobre otras que no lograron lo mismo, genera un refuerzo negativo que concluirá en sometimiento por miedo a las consecuencias.

Una forma de refuerzo negativo es el "tratamiento silencioso". Este tratamiento es como si el manipulador dijera: si no haces lo que te pido, te retiro mi amor. Es muy utilizado en personas que tienen una gran dependencia emocional o luego de haber practicado el bombardeo del amor. Una vez aplicada esta técnica, deja a la persona lista para esta segunda técnica y así lograr el objetivo propuesto.

Este tratamiento silencioso, en los ámbitos laborales hacen que la persona se sienta disminuida, desvalorizada y hasta inexistente. Esto afecta sus emociones en mayor o menor medida dependiendo de sus características particulares. De este modo, la persona siente la amenaza de perder tanto el lugar que conquistó, en el caso de ser un trabajo, como el amor que conquistó en caso de ser una pareja.

El depredador siembra la semilla del miedo y de la duda, utilizando frases como "te amo, pero es necesario que entiendas..." o "aquí tienes un lugar que te ganaste por tus méritos, pero esta nueva persona que ingresó..." Estas frases siempre resultan demoledoras para las emociones y sentimientos de algunas personas, cuya naturaleza es sensible. En su mente comenzará a buscar en la memoria cuál de todas sus acciones lo hicieron enojar y así comienza el sentimiento de culpa. La culpa es un sentimiento que marca una referencia entre lo que debería ser y lo que es, o entre lo que se hizo y lo que debería haber hecho. Algunas personas se sienten culpables todo el tiempo porque fueron criadas así. El manipulador ve en la culpa una puerta de entrada en la psiquis de su víctima.

CAPÍTULO 7

MANIPULACIÓN DE LAS CIRCUNSTANCIAS

"Con una hábil manipulación de la prensa,
pueden hacer que la víctima parezca un criminal
y el criminal, una víctima."
Malcolm X

La manipulación de las circunstancias también es una técnica para manipular personas. Aunque suele utilizarse en combinación con las demás. Manipular una circunstancia significa que, utilizando los acontecimientos reales, se les da un enfoque que resulte conveniente omitiendo detalles, sacando frases del contexto real, aumentando o disminuyendo la importancia de algunas actitudes y así se le da un toque personal a lo que realmente sucedió.

El idioma es rico en matices y es lo suficientemente ambiguo como para narrar circunstancias desde diferentes puntos de vista, haciendo varias versiones. Una persona manipuladora que tenga habilidad en la oratoria puede dar vuelta un acontecimiento a su antojo.

Por ejemplo: un depredador infantil será capaz de convencer a su pequeña víctima que es la única persona que la ama. Luego, al pasar el tiempo, convencerá a la víctima que tiene que irse de su lado para vivir su vida porque es lo que más le conviene. El depredador infantil tiene interés en una determinada edad, al crecer la víctima deja de interesarle.

Otro ejemplo: es el caso de los abogados que defienden a un delincuente. Los hechos son tergiversados para quitar la responsabilidad de su defendido. Esto lo hacen para tratar de ganar el caso más allá de si el delincuente es culpable o no.

Una manera de ejercer esta técnica de manipulación es recurrir a las excusas. Esta modalidad es frecuente cuando se busca evitar la responsabilidad de los acontecimientos. Las excusas se utilizan en todos los órdenes de la vida y a todas las edades. Todos los seres humanos han inventado excusas en algún momento de su vida y en general ha sido para evitar la verdad ante otras personas.

Otra forma de manipular los hechos es echarle la culpa a la víctima porque es quien desencadena los acontecimientos. El victimario convence a la víctima de que es así y la mayoría de las víctimas se lo cree.

Por ejemplo: es habitual que un hombre golpeador le diga a su pareja que se enojó por su culpa y que no tuvo opción más que golpearla porque se lo merecía por su mal comportamiento.

Este método funciona con las víctimas que han sido aisladas de su entorno y no encuentran donde lograr apoyo para compartir y obtener otro punto de vista. Además, es seguro que hay sentimientos que unen a la víctima con su victimario y esto lleva a justificarlo.

Una variación de la manipulación de los hechos es retener información, realizando una narración de los mismos hechos pero más estratégica. Conociendo cómo responder a una determinada información, el narrador se las ingeniará para acomodar la verdad de modo que la información lo beneficie ya que los detalles quedarán ocultos. Es muy utilizada por los políticos porque les permite manejar los hechos a su antojo.

Otra manera de utilizar esta técnica es exagerar determinadas partes del relato, haciéndolo sensacionalista o minimizando determinadas acciones para su propio beneficio. Utilizado por la publicidad y por las agencias de marketing, como así también por las relaciones públicas y en los medios de comunicación.

Para lograr rating, algunos medios de comunicación manipulan la información volviéndola sensacionalista, principalmente en los titulares que son lo primero que atrae la atención de los lectores. Con este método se pueden desprestigiar personas, sociedades y hasta naciones. Se utilizó en la guerra fría y lo llamaron guerra psicológica. Las verdades se decían a medias y desde un punto de vista muy subjetivo.

Otra forma de manipular las circunstancias es la intimidación. La intimidación es la manera de doblegar la voluntad de otra persona a partir del hecho de tocar sus puntos más sensibles. Puede realizarse de forma directa o indirecta, según lo que se necesite y, en general, se inicia en forma sutil.

El que realiza la intimidación de forma directa, se muestra enojado o furioso y da las órdenes a los demás a gritos, actuando con una actitud amenazante, difícil de contradecir. Puede ejercer esta manipulación en forma verbal o subirla de nivel y llegar a la violencia física. La intimidación indirecta o encubierta, parece ser más amable, pero es un trabajo lento e inexorable. El manipulador también es una persona violenta, pero lo disimula mostrando su lado gentil y carismático.

Estas personas son realmente peligrosas porque saben ocultar muy bien su naturaleza y las víctimas logran darse cuenta cuando ya la relación está avanzada y se vuelve difícil salir de ese lugar. A veces la víctima está tan lastimada en su aspecto emocional y psicológico, que es incapaz de darse cuenta de que está viviendo un infierno. Las personas que intimidan en forma indirecta tienen muchas estrategias y las utilizan en forma fría y calculadora. Sus métodos tienen una gran efectividad logrando su objetivo en la mayoría de los casos.

A veces la intimidación puede resultar positiva. Por ejemplo: está comprobado psicológicamente que, si una persona tiene intenciones de robar en forma disimulada en un supermercado, de pronto alguien lo mira serio y de forma fija, se siente intimidado y reconocido, abandonando su intención de robar. Sus malas intenciones, lo llevan a pensar que todo el mundo también las tiene y en su mente comienza la idea de que se volverá víctima si sigue adelante con su idea original.

En una contienda de boxeo, los boxeadores se miran de forma intimidante y si uno de los dos, permite que esta intimidación lo afecte, es seguro que perderá la pelea antes de comenzar la pelea. Por este hecho de dejarse intimidar, tendrá menos chances de ganar que si no se deja afectar por la intimidación. En realidad, esta intimidación es simple publicidad antes de la pelea para lograr un mayor rating.

En la época de los Beatles y los Rollings Stones, había mucha publicidad acerca de que eran enemigos y competían entre ellos. Pero era solamente un truco publicitario, porque en su vida personal eran amigos y no tenían problemas entre ellos. Pero en la vida pública hacían declaraciones intimidantes.

Hay cuentos para niños que trabajan la intimidación para lograr determinadas conductas en ellos. Por ejemplo: la canción infantil que dice: "duérmete niño, duérmete ya, que viene el coco y te comerá." Es una forma de intimidación que se ha naturalizado. En otros cuentos infantiles la intimidación se vuelve aterrorizante.

La intimidación, cuando se da en forma encubierta, es casi seguro que logra convencer a la víctima. A diferencia de la intimidación directa que se manifiesta abiertamente en forma verbal o con violencia física, afectando la psiquis de la víctima. En general, a todas las víctimas les resulta difícil librarse de su depredador.

Siempre que el manipulador quiere mantener el control por un plazo prolongado, la intimidación tendrá que ser alimentada en forma constante. Además de sus frases y su lenguaje corporal, utiliza el dramatismo que enfatiza lo que está diciendo. En estos casos, la violencia, la ira, la bronca son sus herramientas preferidas porque logra impactar en forma visual que puede aterrorizar a la víctima. Ésta intentará apaciguar el momento para que no llegue a ser una situación extrema. En realidad, lo hace porque le tiene miedo y no encuentra la manera de librarse de ese círculo vicioso.

La víctima se siente culpable y esta culpa es un sentimiento que marca una referencia entre lo que tendría que haber sido y lo que es. Si la persona recibió una formación estricta, sentirá culpa con mayor facilidad. Todas estas circunstancias manipuladas, servirá para que la persona se forme una idea mental sobre cómo debe ser el comportamiento al que se tendrá que ajustar. Cada vez que su comportamiento difiera de lo estipulado mentalmente, la persona sentirá culpa. Esta culpa será utilizada para llegar a los sitios más profundos de la psiquis de la víctima, disgregando su personalidad y su voluntad.

En general la culpa desencadena sentimientos de vergüenza y también de arrepentimiento, lo que será necesario elaborar y trascender en forma saludable para volver a ser ella misma. Cada individuo tiene un nivel de culpa determinado que se relaciona con el nivel de autoexigencia que posea. A mayor autoexigencia, mayor será el nivel de culpa que sentirá porque es casi seguro que el individuo busque acercarse lo más posible a la perfección. Cuando ve que su comportamiento se aleja de la perfección que imagina en su mente, comienza a sentir culpa. Esta culpa también se asocia a sentimientos de angustia, de miedo, de tristeza, ansiedad y también de incertidumbre. Todos podrán referenciarse a situaciones que ocurrieron en la infancia porque son los puntos más vulnerables de todas las personas.

Un manipulador que supo acercarse a la víctima lo suficiente, seguramente conversó con ella y conoce sus debilidades, miedos y las sacará a relucir en el momento justo haciendo que la víctima sienta vergüenza de su error o de su accionar.

Por ejemplo:

- La culpa será manipulada para terminar con la autoestima que tiene la persona.
- Recordarle continuamente sus errores para que la víctima se sienta culpable porque no es todo lo perfecta que quisiera.
- Acompaña el manejo de la culpa con un tratamiento silencioso, una minimización de sus aptitudes y el rechazo.
- Hacerle sentir a la víctima que bajo ninguna circunstancia está a la altura de las circunstancias.
- Utilizar el aislamiento social, dejando entrever que las personas se alejan de ella por sus grandes errores y la facilidad con la que se equivoca.

En cualquier aspecto de la vida, el manipulador hallará la manera de hacer que esta persona se sienta culpable, tratando de que este nivel de culpa vaya en aumento. Si el pensamiento crítico de esta persona estuviera funcionando, es posible que se diera cuenta del trabajo que el manipulador realiza. Pero las opiniones de este depredador, lamentablemente, tienen demasiado peso dentro de la psiquis de la persona manipulada que ésta, bajo ninguna circunstancia, pone en duda lo que dice ni tampoco las intenciones que tiene al decirlo.

Cuando la víctima logra darse cuenta, es muy importante que se aleje definitivamente de la persona que la estaba manipulando. Si es una persona que ve dentro de su ámbito laboral, tendrá que aprender a ser lo suficientemente fuerte para no darle importancia a lo que diga. Esto va a ser muy difícil de implementar, pero si no es posible alejarse, entonces hay que enfrentar la situación de la forma que se pueda y con la mayor entereza.

Otra opción es decirle de frente a la persona que ya elaboró sus propios conflictos y que nada de lo que diga va a llegar a afectarle. Por tanto, que no siga gastando su energía porque ya no le van a resultar positivas sus acciones.

En este punto, hay que tener cuidado de que la persona manipuladora no se dé vuelta en sus dichos y comience a decir "qué pena que malinterpretaste mis ideas" y allí comience a moverse dentro de otra técnica que lleva a pensar que eres libre de elegir. Es importante tener presente que una persona manipuladora siempre va a ser manipuladora con sus miles de artimañas y presentándose como una persona inocente de buenas intenciones.

En este punto de inflexión, entonces, nada de lo que venga de esta persona será escuchado por más razonable que parezca. Porque es aquí donde puede utilizar la premisa "eres libre de elegir".

Entonces la persona no siente la presión, sino que parecen liberarse sus opciones al poder elegir. Hay estudios que demuestran que esta opción facilita la aceptación de lo que se le está proponiendo.

Por ejemplo:

"(Pidiendo algo) pero eres libre de no aceptar"

"(Pidiendo algo) aunque por supuesto no tienes la obligación de hacerlo"

"(Pidiendo algo) pero lógicamente queda a tu elección"

Enunciado de esta manera, la persona cree tener la opción de elegir, pero esta sensación de libertad interior le llevará a aceptar lo que le proponen.

CAPÍTULO 8

CÓMO SEMBRAR LA DUDA

"Siempre que enseñes,
enseña a la vez
a dudar de lo que enseñas."
José Ortega y Gasset

Otra forma en la que también puede dominar la manipulación es aprender a controlar una conversación. Independientemente de si los interlocutores sean pasivos o sean activos, si hay *"sabelotodo"* que esperan acaparar la atención o personas con creencias arraigadas que no están dispuestas a cambiar sus ideas, aprender a controlar una conversación es una de las habilidades mayores de un manipulador.

La técnica que se utiliza en estos casos se llama *"sembrar la duda"*, en la cual se da un panorama de duda o incertidumbre sobre un tema, de modo que lleve a replantear las bases en las que se cree.

La conversación se lleva desde un principio de certeza, que puede plantear cualquier interlocutor, a una perspectiva de duda o incertidumbre en un cuestionamiento directo que lleva a que la persona se auto cuestione sus propias creencias. Cuando en el grupo que se encuentra conversando, hay una persona difícil de convencer, se puede combinar esta técnica con aquella en la que se le dice *"eres libre de elegir"* que, en este caso, se reemplaza por *"eres libre de creer lo que quieras"*.

Cuando se busca cuestionar una mentalidad firme, es necesario ir a sus bases. El objetivo será, en este caso, que la persona admita que sus creencias se basan en evidencia insuficiente.

Una forma de realizar esto es plantear dentro de la conversación:

"¿Qué es lo que sabes sobre...?"

De este modo, se plantea una incertidumbre sobre la base de la creencia.

Por ejemplo:

"¿Qué sabes sobre los beneficios que estamos analizando en esta conversación? "

"¿Qué sabes sobre la forma en que funcionan las cosas en este sitio?"

"¿Qué sabes sobre la situación económica y política que llevó a desencadenar los hechos que hoy se están planteando? "

"¿Qué sabes sobre los fundamentos que dan inicio a estos conceptos que hoy expongo aquí? "

"¿Qué sabes sobre este negocio y de qué manera se implementan las acciones?"

De este modo, todas las personas presentes se pondrán a reflexionar sobre lo que se está diciendo. Aún si su intención no sea reflexionar, se sembró la semilla de la duda que en algún momento surgirá y hará su efecto, aunque no sea en el momento de la conversación. Cuando esto sucede, la persona se vuelve un poco más receptiva a nuevos conceptos.

Es necesario que en todo momento el intercambio de palabras se realice en un ambiente de calma y de interacción pacífica. Porque si la conversación desata pasiones, es probable que la persona a la que se intenta convencer se coloque a la defensiva y en lugar de tomar una actitud receptiva, cerrando la posibilidad de diálogo.

Estas frases tienen que ser usadas libres de emociones, con confianza, seguridad y coherencia, sin olvidar que todo debe ser planteado en un clima de respeto por las diferencias.

Una técnica complementaria a la de sembrar la duda es aprender a cambiar la dirección de la conversación. Dirigir el tema hacia donde quiere el orador que vaya es una habilidad que resulta muy útil cuando se tiene una audiencia con poca capacidad de concentración.

De este modo, se cambia la dirección de los pensamientos de las personas con las que se está conversando. También se puede utilizar esta técnica para llevar la conversación de un tema al siguiente. Es decir, la conversación tomó un rumbo que no le conviene al manipulador y éste, de forma sutil, aplica la técnica y lleva la conversación hacia donde le interesa.

Estas técnicas tienen una aplicación muy amplia ya que se pueden utilizar tanto en la vida cotidiana como en la laboral, sin olvidar en aquellas oportunidades sociales en las que conviene cambiar la atención de la conversación de una instancia a la otra. Si bien es una técnica de manipulación, también puede ser utilizada para beneficio de un grupo. Supongamos que una conversación se está poniendo difícil entonces con esta técnica, se estará desviando la conversación hacia un tema que levante el ánimo o sea más positiva para las personas que están escuchando.

El patrón que suele utilizarse para esta técnica es:

"El tema no es... (aquí se introduce el punto de vista de la otra persona) sino... (y aquí se introduce el punto de vista propio)" a continuación, se expresa una pregunta que actuará como nexo para llegar al enfoque del tema que se está buscando.

Por ejemplo:

"El tema no es la inseguridad que se puede apreciar en los suburbios de la ciudad, sino las pocas posibilidades de salir a caminar en forma tranquila", "¿cómo estás realizando la ejercitación de tus músculos para que no pierdan su tonicidad?" *"El tema no son los precios elevados del petróleo en el medio oriente, sino los bombardeos en los lugares donde las víctimas son inocentes, aunque sea en lugares alejados del planeta", "¿cuáles son las medidas que los gobiernos deberían tomar en forma preventiva para que la paz sea una verdadera realidad?"*

De esta forma, sutil y organizada, se puede llevar a que se cambie el tema sin analizar demasiado de qué manera se cambió. Otra manera de aplicar esta técnica es la siguiente:

Supongamos que necesitamos convencer a un grupo de empresarios que realicen un seminario que incluye un anexo sobre capacitación acerca de la comunicación dentro de la empresa. Pero este grupo está demasiado preocupado por sus temas financieros que no logran resolver. Entonces podría aplicarse la técnica de la siguiente manera:

"El problema no radica en los beneficios económicos que se obtienen de forma individual en cada una de sus empresas, sino que se aprecia que falta una buena comunicación con sus trabajadores, quienes no alcanzan a satisfacer la problemática por falta de un asesoramiento adecuado. ¿Qué es lo que falta en sus equipos de trabajo para aumentar y optimizar sus rendimientos?"

Esta pequeña disertación llevará a cambiar el enfoque hacia los problemas de comunicación que puedan existir entre los equipos de trabajo y los equipos jerárquicos, quienes no logran dar una bajada correspondiente de sus mensajes. De este modo, la conversación quedará enfocada en la falta de comunicación y cómo resolverlos. Allí se introducirá la necesidad que tienen de realizar el seminario.

Es posible que los empresarios comiencen a cuestionar los precios del seminario y el tiempo que va a llevar realizarlo. Entonces se puede decir: "El tema no es lo mucho que cuesta el seminario, sino cuánto le ha costado a cada uno de ustedes este rendimiento que está muy por debajo de lo que se puede esperar. Si alcanzaran a visualizar el retorno de la inversión que tiene este seminario, ¿estarían dispuestos a invertir el costo y el tiempo que necesita el seminario?"

En conclusión, cada vez que la conversación quiso tomar un camino que no conviene, siempre es posible aplicar el patrón expuesto para redirigir la atención hacia lo que se busca lograr.

Otra técnica que puede ser utilizada en una conversación para conseguir el objetivo planteado, es el método DTR o *"Interrumpe y luego Replantea"*, en inglés *"Disrupt then reframe"*, de donde se tomaron las siglas DTR.

Esta técnica es considerada como un truco mental más que como una técnica de manipulación. Lo que no se puede negar es la efectividad que tiene. La investigación en la cual se basó este truco, se le adjudica a Davis y Knowles, quienes, en 1999, dejaron en claro su efectividad al realizar ventas de tarjetas con saludos de puerta en puerta. Con el objeto de colaborar con una obra de caridad del lugar donde se realizó, las ventas se llevaron a cabo bajo dos estrategias distintas:

La primera, se tomaron estas ventas como referencia y la persona de forma tradicional decía que costaban 2,50 dólares por 5 tarjetas, logrando una venta en el 40% de las viviendas visitadas.

La segunda: se presentaron estas ventas como 250 centavos de dólares por 5 tarjetas, agregando la frase *"es una verdadera ganga"*, de esta manera llegaron a vender en el 80% de las viviendas visitadas.

Con el solo hecho de cambiar la forma de presentar la venta, se logró el doble de ventas al mismo precio. ¿Qué es lo que hace que el resultado sea tan diferente? ¿Qué acontece en la mente de las personas que reciben la información? El DTR funciona porque interrumpe el proceso habitual de pensamiento porque, normalmente escucharía dólares y no centavos, al escuchar la palabra centavos, se queda pensando ¿por qué utiliza esta palabra pudiendo decir dólares? y luego de esta interrupción del pensamiento normal, viene la frase *"una verdadera ganga"*. Entonces la persona cae en el hecho de que le están vendiendo algo barato.

Es importante mencionar que toda esta situación transcurre solamente en unos segundos donde la persona queda confundida por la interrupción de pensamiento que tuvo.

Si la persona sabe salir rápido de esta confusión y vuelve a su pensamiento crítico, se dará cuenta que es un engaño y es muy probable que no caiga en él. Cuanto más rápido sea el vendedor, menores son las chances de que la persona reaccione y la técnica será un éxito. Este truco puede combinarse con la técnica de la escasez, diciendo que ya le quedan pocas. Esto apurará un poco más la decisión.

Esta técnica luego se probó en 14 investigaciones posteriores donde se involucraron a cientos de participantes. Estos estudios fueron realizados por Carpenter & Boster en el año 2009. Los resultados que se obtuvieron fueron sorprendentes por la eficacia de esta técnica sencilla. En estos estudios se vio que, a través de la aplicación de la técnica, las personas son capaces de cambiar de actitud, completar encuestas y, lógicamente, aumentar el número de ventas.

Incluso, esta técnica DTR ha sido efectiva en aquellas situaciones en las que normalmente una persona desconfía de las artimañas del vendedor. En definitiva, es una estrategia muy conveniente cuando se espera lograr un resultado determinado. Su aplicación dependerá de los límites morales que tenga la persona que vaya a aplicarla.

Si no se quiere ser víctima de esta situación, es importante mantener el pensamiento crítico en todo momento, además de no dejarse apurar ni avasallar con frases.

Otra forma de controlar la conversación y dirigirla a voluntad, es la utilización de las sugerencias compuestas. En esta técnica se aceptan todas las sugerencias que se realizan sobre el tema que se está exponiendo, para luego conducirlas en la dirección que se necesita.

La técnica que puede utilizarse para lograr que alguien acepte la sugerencia que se le está haciendo se llama "utilización de sugerencias compuestas". Es una técnica que se basa en el objetivo de mantener una autoimagen que resulte consistente para los demás, seguida de una sugerencia que es la que se trata de incorporar en la otra persona. La forma de ponerla en práctica es simple, se tiene que decir algo que tenga buenas probabilidades de que la otra persona lo comparta y lo apruebe, es decir una verdad que tácitamente esté aceptada. A continuación, se le coloca la sugerencia que espera ser aceptada. En forma general, el esquema sería:

"Autoimagen, opinión o hecho aceptado... más sugerencia que se quiere lograr que la otra persona acepte."

Por ejemplo:

"La comunicación dentro de la empresa es fundamental para lograr un excelente rendimiento, sin dobles mensajes."
"Tu empresa está necesitando que la comunicación de todos sus sectores mejore por lo que te sugiero este seminario."
"Llegas de trabajar y descansas en tu sillón tal como es tu costumbre. Sería gratificante caer en un pequeño sueño reparador."

Para que el éxito sea total en todos los órdenes de la vida, es fundamental tener la capacidad de persuadir a las personas con las que trabajas. Para llegar a este logro es importante conocer los métodos apropiados tal como figuran en este libro.

La simpatía y la buena presencia son la clave para que se abran las puertas de muchos entornos laborales. Un buen currículum es el aval que completa este combo. Con este curso podrás aprender a realizarlo de forma impecable.

Para lograr el peso que necesito es necesario que me ponga a dieta. Este libro es capaz de analizar tus calorías a partir de ejercicios sencillos ideales para bajar de peso.

Además, está la cuestión sentimental. Si todas estas evocaciones incluyen escenarios con sentimientos, el efecto será mucho más efectivo.

Una técnica complementaria es la que se manifiesta diciendo *"estoy de acuerdo con lo que dices y agregaría que..."*

Con este patrón se logra un marco de acuerdos a partir del cual se incorpora el pensamiento particular que es el que quiere utilizar el persuasor. Esta técnica tiene un efecto positivo porque al decir "estoy de acuerdo" hace bajar la guardia del que estaba a la defensiva y allí se acota aquello que se busca que la persona considere. Aun cuando en un principio haya un total desacuerdo, esta técnica acerca las posiciones.

De este modo, se podrán conseguir acuerdos y replantear condiciones a las que no se podrán negar. Esta técnica depende en parte de la simpatía y el *rapport* que disponga el orador o el persuasor o manipulador que intenta utilizar la técnica.

El principio en el que se basa esta técnica es aquel por el cual las personas gustan de que tomen en cuenta sus opiniones y sus ideas. Al decirles estoy de acuerdo se sentirán satisfechos, aun cuando la idea que se exponga luego vaya en dirección totalmente opuesta.

El patrón que habitualmente se utiliza es:

"Estoy de acuerdo y, además, agregaría que..."

Por ejemplo:

"Estoy de acuerdo con que el seminario es caro y agregaría que, más allá de su precio, me va a hacer ganar un buen porcentaje al aumentar el rendimiento."

"Estoy de acuerdo con que los horarios de trabajo son exagerados y agregaría que esto es un esfuerzo temporal que va a regularizarse en breve."

Es una técnica versátil que se adapta con gran facilidad a lo que se busca exponer. Utilizada en el medio de una disertación, puede lograr un poco de confusión que hará que los oyentes presten un poco más de atención.

CAPÍTULO 9

CÓMO DARNOS CUENTA
SI NOS ESTÁN MANIPULANDO

"Deja de permitir que, gente
que hace tan poco por ti,
controle tanto de tu mente,
tus sentimientos y emociones."
Will Smith

Es frecuente que la persona que ejerce manipulación sobre los demás, tiende a ser carismática y resulta difícil pensar que sus acciones sean malintencionadas porque en apariencias parece ser sincero y honesto. Su trabajo es elaborado, sutil, profesional, bien planificado y no se aprecia su accionar hasta que ha pasado un tiempo y se han analizado los hechos.

Es habitual que el manipulador, al llenar los vacíos emocionales, haga que se cierren los aspectos racionales de la persona manipulada y ésta no tenga una buena perspectiva de la realidad. También es posible que el manipulador trate a su víctima como si fuera su títere.

Por todas estas razones es fundamental estar atento y aprender a ver las señales que distinguen a un manipulador. No es necesario llegar a distinguir qué técnica utiliza, alcanza con darse cuenta de que esa persona está tratando de manipularnos.

En el caso de querer analizar una relación de pareja, para saber si está ejerciendo manipulación, se pueden mirar los siguientes puntos:

Cuando estás feliz de haber encontrado el amor, pero al poco tiempo la alegría se transforma en un miedo a perder lo logrado. Tus sentimientos de felicidad se transforman en tristeza, angustia y, a veces, desesperación.

Tus emociones no tienen un término medio, va de un estado de plenitud a un estado de vacío sin mediar una situación conflictiva.

La relación también pasa del estado de plenitud al de vacío sin mediar ningún motivo.

La relación se perpetúa en el tiempo, aun cuando no te sientes a gusto cuando están juntos.

Te sientes responsable de todos los eventos que acontecen.

Empiezas a tener culpa por la infelicidad de la otra persona.

La relación se volvió compleja y no tienes idea de cómo llegaron a ese punto.

Estás obsesionado por la relación a tal punto que todo el tiempo estás hablando de ella.

Estás a la defensiva todo el tiempo, en un estado continuo de alerta.

Sientes celos, inseguridades, cualquier persona que se acerque a tu pareja pasa a ser un enemigo mortal.

Estás vigilando todo el tiempo cada cosa que tu pareja realiza.

Tratas de no hablar con tu pareja sobre lo que te molesta.

Sueles colocarte una máscara de felicidad para que no se noten tus verdaderos sentimientos.

Se llega a desarrollar un gran sentimiento de culpa y tratarás de arreglar el daño que causaste supuestamente.

Saboteas la relación sin notarlo, luego te das cuenta y te preguntas por qué lo haces.

Tal vez no se presenten todos los síntomas o llegues a tener todos los sentimientos descritos. Pero si algunos están presentes, es un motivo para comenzar a pensar que estás sufriendo la manipulación de tu pareja.

Si tienes dudas y quieres lograr una comprensión total de la situación, se recomienda consultar a un profesional para una evaluación más detallada.

El primer sentimiento que se tendrá es la confusión porque la persona manipuladora intentará hacer que dudes de tí mismo. También hará que la persona manipulada sienta que le falla la intuición, que dude de cada decisión, que no entienda los mensajes tanto verbales como no verbales.

Así comenzará la dicotomía entre el hecho de entender qué se está haciendo mal y cómo se debería actuar. La persona siente soledad, aislamiento del resto del mundo, porque el manipulador tratará de alejarla de todas sus relaciones sociales. Así comenzará una relación de obediencia y sumisión.

Si una persona está tratando de manipularte, va a hacer todo lo que pueda para instalar la inseguridad a la cabeza de tus emociones y pensamientos. Si estás dudoso de tu autoestima, hará todo lo posible para que baje y penda de un hilo. Además, tratará de alejarte de tu entorno social porque de este modo las acciones se facilitan para esta persona.

Ser capaz de darse cuenta cuándo están tratando de manipularte, puede ser una habilidad que colaborará con tu propia supervivencia dentro de la sociedad actual. En general la sociedad es muy competitiva y en todos los órdenes de la vida, en especial en los espacios de trabajo, muchos aplican el *"sálvese quién pueda"* como si esta muletilla los mantendría a salvo de muchas cosas. Defienden sus intereses, imponen sus ideas y la mayoría de las veces no se fijan a quién perjudican. Tal vez busque hacer alianzas acercándose de forma natural y utilizando la manipulación para convencerte.

Un rasgo muy común en los manipuladores es el hecho de mentir. Estas mentiras son por comisión o por omisión. Por comisión es el tipo de mentira clásica, donde se dice algo que no es cierto. Es una acción deliberada que tiene como objeto engañar o confundir para obtener una determinada ventaja por esta acción. También este tipo de mentiras son utilizadas para salir de un apuro o porque la persona le tiene miedo a la verdad o porque explicarla le llevaría tiempo y esfuerzo. A veces, puede que la persona que miente no tenga malas intenciones, sino que tal vez esté enferma.

La mentira por omisión también se conoce con el nombre "detalles excluyentes". Es decir, en este caso se dice una parte de la verdad y se omiten a propósito ciertos detalles. Son mentiras elaboradas y sofisticadas porque la persona puede salir airosa si es descubierta, aun cuando se trata de una situación legal, puede llegar a quedar impune, alegando que la otra persona que preguntó no fue lo suficientemente específica con respecto a los detalles que tenía que darle.

El mejor ejemplo de este tipo de mentira es cuando un vendedor da especificaciones sobre un producto que son atributos muy beneficiosos, ocultando los aspectos negativos de su utilización.

Otro ejemplo a este respecto: cuando alguien hace dos comentarios sobre otra persona: uno a favor y otro en contra. Un tercer individuo le cuenta a la persona en cuestión, en forma manipuladora cuenta el comentario realizado en contra, porque le servirá para sacar ventaja.

Cuando no se corrigen los errores de concepto que pueda tener otra persona cuando se la escucha decirlos, es también una mentira por omisión.

Estos errores de concepto también pueden ser corregidos a conveniencia por una persona manipuladora y también estaría mintiendo por omisión. Por ejemplo: supongamos que haya un policía en la parte exterior de un banco, la persona que lo ve piensa que es custodio del banco, pero en realidad puede ser un policía que trabaja en otro lado que fue al banco para un trámite personal.

Un aspecto que también es muy utilizado por las personas que quieren manipular, es la negación. La negación está indicando que la persona no acepta la realidad por algún motivo. Los manipuladores utilizan esta debilidad, fingiendo inocencia cuando saben perfectamente lo que están haciendo. Es un punto de control muy fuerte, porque la negación tiene que ver con algún trauma y se vuelve un abuso mental sutil pero contundente.

Por otro lado, cuando se confronte directamente al manipulador, utilizará la negación de modo tal que pasará al rol de víctima, dando vuelta todos los acontecimientos.

La negación, también es utilizada como un mecanismo de defensa, además de táctica de manipulación. Por otro lado, ayuda a eludir responsabilidades. En casi todos los casos, se logrará que la otra persona resulte con daños psicológicos al utilizar estos procesos.

De la misma forma en que el depredador se fortalece con la negación de su víctima, también sabe dar para un efecto definitivo, la racionalización de las circunstancias. Es necesario entender que la persona que manipula es muy hábil con el lenguaje. Por eso, dar un contexto racional significante, es simple. Esta también es una forma de crear excusas como versiones razonables de lo que necesita que la otra persona crea.

Aun cuando todo condene al depredador, hay muchas posibilidades de que este salga bien parado de la situación porque su nivel de racionalización es muy bueno.

Es necesario entender que, si alguien manifiesta un concepto en tu presencia y tú no le dices que no estás de acuerdo, la otra persona entenderá que coincides en su pensamiento y quedará un acuerdo tácito porque tu silencio fue tomado como asentimiento. Y, lógicamente, lo utilizará más adelante. Por tanto, si no estás de acuerdo con alguien es fundamental que se lo digas para no dejar lugar a ambigüedades.

Si el manipulador no recurre a la racionalización, puede recurrir a la minimización. Esta acción psicológica es capaz de desencadenar consecuencias inesperadas. Esto es así porque afecta directamente las emociones y, para personas que tienen baja autoestima, el hecho de minimizar cualquier tema que tenga que ver con ella, le hará daño a sus aspectos psicológicos.

Los padres tienen la costumbre de minimizar los enojos de sus hijos porque para la mente adulta parecen exagerados, aunque para el niño ocupa un gran lugar en su vida. Un manipulador puede utilizar tanto la racionalización como la minimización en forma conjunta, en forma alternada o adaptarse a las circunstancias presentes.

Por ejemplo: ante un situación que el manipulador no pueda racionalizar, intentará minimizarla para ponerla en un contexto de exageración por parte de la víctima.

A veces cuando se tienen logros en la vida, siempre existe una persona que tratará de minimizarlo, ya sea porque le conviene o ya sea por envidia.

Suele darse en ambientes de trabajo, donde los aportes que hizo una persona al éxito de un proyecto se los minimiza diciendo que fue trabajo de equipo. En una relación de pareja, puede que el hombre golpeador minimice el llanto de la mujer por los golpes que recibió. La persona que recibe la minimización puede sentirse cohibida y frustrada desde el punto de vista psicológico, como así también menospreciada o dejada de lado.

Por otro lado, existen los manipuladores que tienen la habilidad de entender todos los sentimientos a un nivel muy profundo, por lo que pueden convertirse en los mejores confidentes de la víctima.

De este modo, el depredador puede actuar como un camaleón y transformarse en un instante. En este caso, actuará como un verdadero espejo donde la víctima se verá reflejado en cuanto a emociones, sentimientos, gustos, preferencias, situaciones comunes actuales y pasadas logrando un nivel de coincidencia en todos los aspectos de la vida. Estos depredadores también se llaman lectores de personalidad y siguen esta técnica en 3 niveles que al final elaborarán el reflejo. El primer nivel, recolecta información a partir de terceros contratados para tal fin, haciendo una exhaustiva recolección de datos. Esta información se amplía en sus redes sociales, donde muchas personas tienen la costumbre de contar su vida. En el segundo nivel, comienzan los primeros encuentros que se verán como casuales, aunque fueron fríamente calculados. Allí el depredador hará sus confesiones que serán similares a los acontecimientos vividos por la víctima, entonces ésta se verá reflejada y asombrada por este motivo. Le resultará increíble lo mucho que se parecen.

En el tercer nivel, se profundiza la investigación y las interacciones llegando a un nivel de confianza como si se conocieran de toda la vida, y tal vez hace apenas unos 15 días que se vieron por primera vez. Estas personas actúan como si fueran su alma gemela y la persona lo cree. Así actúa esta técnica del reflejo, gracias a las necesidades emocionales y la credulidad de las personas.

CAPÍTULO 10

QUIÉNES SON CAPACES DE MANIPULARNOS

*"Todo manipulador se aplica a fondo
en desestabilizar a su víctima a fin
de sacarla de sus casillas y poder así
acusarla de ser alguien alterado o inestable.
Eso le ayuda a manipularla fácilmente
desde la culpabilidad."*
Profesor Iñaki Piñuel

Los manipuladores, como ya dijimos, suelen ser lobos con piel de cordero. Utilizan el chantaje emocional poniendo a los demás a su disposición. Son grandes oradores, manejan los hechos a su antojo y utilizan la distorsión cognitiva junto con la explotación. Sabe crear un desequilibrio para inclinar la balanza a su favor y la persona manipulada con el tiempo pasa a vivir una vida que no es la que imaginó.

La manipulación puede estar presente en las diferentes áreas de la vida, tal como veremos a continuación.

El sector del comercio: este es el uso más frecuente de manipulación y la mayoría de las personas ya saben que hay muchas posibilidades de que las manipulen a favor de la compra de los productos. En general, las personas lo esperan y se sorprenden cuando encuentran un comerciante honesto.

Cuando un vendedor tan solo guía la compra, no está buscando su propio beneficio sino el hecho de que el comprador alcance el artículo que sea de su conveniencia. Si bien llega a concretar la venta, la realiza sin manipular, sino que brindó al cliente su mejor consejo.

En cambio, si el vendedor está persuadiendo al comprador para que se lleve el artículo más caro, sí lo está manipulando y seguramente cobrará comisión por esa venta. Se pueden clasificar en 4 tipos de vendedores según la forma de manipular:

- **Los vendedores de poder:** son los que prometen grandes beneficios a cambio de obtener sus votos. Actúan persuadiendo y consideran que las personas son simples prospectos que hay que convencer.

- **Los vendedores de dinero:** seducen con la intención de que las personas gasten su dinero más allá de si necesitan o no el producto. Solamente les interesa lograr su comisión por las ventas realizadas.

- **Los vendedores de prestigio:** buscan el reconocimiento público dentro del entorno en el cual se mueven. Quieren admiración por su espectáculo o sus disertaciones.

- **Los vendedores de ideas y actitudes:** ellos demuestran que sus valores y su filosofía son dignos de tener en cuenta y adoptarlos como propios. Son líderes naturales positivos en algunos casos y negativos sin que los seguidores lo noten.

Por ejemplo: si a una persona le interesa solamente la ropa con la que se viste, es casi seguro que no le interesará la lectura de un buen libro. Por tanto, más allá de la presentación que se realice del libro y sea de gran calidad, hay muchas posibilidades de que esta persona no lo compre. Pero si se le ofrece la colección completa de Oscar de la Renta, seguro la adquiere aún si tiene que endeudarse para ello.

En general, hay un público para cada artículo, sin olvidar que los grandes vendedores y las grandes publicidades están pensadas para crear la necesidad de consumo de dicho producto.

Los que se dedican al marketing saben perfectamente que es difícil cambiar la mentalidad y los gustos en forma individual. Por eso ellos crean culturas consumistas que marcan grupos sociales a los cuales las personas quieren pertenecer.

Hace algunos años atrás las publicidades hablaban en favor del hecho de fumar o beber alcohol como la mejor manera de lograr buenas relaciones sociales. También está marcado socialmente que una persona es exitosa si tiene un trabajo bien remunerado, una familia bien constituida, una casa, uno o dos autos, salen de vacaciones todos los años y tienen un perro de raza en la puerta de la casa. Si algún requisito no se cumple, es probable que la persona sienta que se está estancando en la vida.

Otro ejemplo de manipulación es la publicidad que glorifica a la juventud y, por este motivo, muchas personas que ya pasaron la primera juventud quieren recuperarla a toda costa, a través de cirugías u otros métodos. Es una cultura en la cual el hecho de envejecer parece vergonzoso.

Los vendedores mostrarán una imagen atractiva según los códigos de belleza del momento, intentando dar prestigio a los productos. Si quieren vender un automóvil, lo ponen a rodar por paisajes maravillosos diciendo *"vive sin límites... Entrégate a todo tipo de sensaciones"*, sin hablar directamente del producto. Inconscientemente, se eleva al producto a un determinado prestigio.

El vendedor que manipula basa su eficacia en el arte de provocar reacciones que son del tipo automático. Por eso siempre su discurso tendrá un ritmo acelerado para evitar que la persona reflexione. Si un determinado jabón se lo asocia a la imagen de una bella joven que se está duchando feliz, al ir a comprar jabones el inconsciente guiará hacia ese jabón porque los sentidos y las emociones quedaron enganchados con esa imagen. Entonces la persona cree hacer una libre elección, pero en realidad está respondiendo de forma automática al estímulo que recibió. Esta manipulación es sutil y difícil de notar.

Las ideologías: cuando se busca manipular las ideologías sobre los estilos de vida, utilizan la astucia para vencer a la opinión popular. Dan vuelta los conceptos, marcan perspectivas de planos sobre la realidad, le encuentran la vuelta para enunciar las ideas que buscan imponer. Es importante entender que en todo esto hay una gran carga emocional que va a facilitar aceptar la ideología. Estas ideologías pueden llegar a ser tan fuertes que llegan a dividir naciones, pueblos e incluso algunas familias.

Pero estos últimos años hemos sido golpeados por una pandemia que debería hacernos reflexionar porque no reconoció fronteras, ni ideologías, ni clases sociales, fue avasallante para todos los seres humanos que tan meticulosamente se empeñaron en crear diferencias y en manipularlas. Estas diferencias fueron derribadas de un plumazo dejando ver que lo único que importa es la verdadera esencia del ser humano.

Los empresarios: el puesto del empresario es un puesto de poder que cumple su función dentro del desarrollo social. Es un puesto que exige un cierto talento, espíritu emprendedor y una gran determinación para afrontar los riesgos.

Para la gran mayoría de los empresarios, los empleados son su "material humano" que le va a permitir obtener sus logros empresariales, forman parte de su engranaje de maquinarias y su interés está en que toda su maquinaria trabaje y funcione correctamente.

Los empresarios que son sensibles a la dignidad de sus empleados se preocupan porque cada puesto tenga un sentido verdadero para quien lo tiene que realizar y sean conscientes de la importancia que este trabajo tiene en el proyecto final. En ciertos casos, esta ética para los trabajadores también ha sido utilizada como una forma de manipular, bajo el lema "la ética también es rentable para la empresa". Vincular los intereses personales al proyecto de trabajo, hace aumentar la productividad, en la creencia de que se promueve la calidad humana de los trabajadores.

Los intelectuales: ellos tienen su forma particular de realizarlo, en especial, se abocan a distorsionar los acontecimientos y las creencias, buscando la evidencia científica y la visión que pueda dar la ciencia de ellos. Su muletilla frecuente es que lo que es real se puede comprobar a través de la ciencia y que todo lo que no puede ser explicado de esta manera, como el hecho de que exista un Dios, corresponde a los aspectos irracionales del individuo y que son creencias superfluas a las cuales se aferran para dar sentido a sus vidas.

La ciencia no tiene una posición humilde y no reconoce sus limitaciones. En todas las épocas de la humanidad puede comprobarse este hecho y si no hubieran existido personas que dudaran de lo que decía la ciencia, hoy seguiríamos pensando que la tierra es plana y centro del Universo.

Es tiempo de admitir que cada disciplina tiene sus vertientes acotadas y que de todas ellas se puede aprender y enriquecer el conocimiento de los seres humanos. Valerse del prestigio adquirido por la ciencia y utilizarlo como un monopolio de la verdad, es limitar otras opciones de investigación que también son reales y viables. Este marco científico parece invalidar todo lo que está fuera de él, incluso algunas investigaciones que tratan de incorporarse a este marco.

Un ejemplo histórico en este sentido, son los descubrimientos de Nikola Testa, un increíble científico que sabía que sus conocimientos no eran para su época sino para generaciones futuras. Nunca le entregaron un premio Nobel, a pesar de que otros científicos lo recibieron por sus descubrimientos. El hecho es que Nikola Testa decía recibir información desde el planeta Marte y este hecho lo descalificó para el gran premio, aun cuando hoy en día muchos de sus descubrimientos están siendo estudiados.

La educación: en épocas donde gobiernan tiranos, es frecuente que el nivel de educación de la población sea bajo. Esto se debe a que las personas con poco estudio son fáciles de convencer porque su juicio crítico está poco desarrollado. Por otra parte, los gobiernos que se llaman democráticos y esperan lograr los votos que necesitan, realizan planes de estudio de forma tal que no se estimule la capacidad de pensar, de elaborar conclusiones, de discernir y de poner en práctica la curiosidad intelectual. Estos atributos son los que el ser humano utiliza para realizar una evaluación objetiva de la realidad que vive.

Una persona que recibió la educación necesaria para desarrollar su juicio crítico, no se deja avasallar con facilidad y no será fácil de manipular por un manipulador intelectual.

Suelen proclamar su interés por la cultura, pero esta cultura tiene una interpretación muy dirigida, dominando así el pensamiento. Esta cultura generalmente pone en primer plano la ciencia en detrimento de las ciencias humanísticas y desvalorizando la posibilidad del hombre por la creación artística.

Esta manipulación del tipo educativo suele combinarse con la manipulación ideológica. Antonio Gramsci fue capaz de elaborar una gran táctica para lograr el poder político a partir del dominio cultural. Este dominio se intentará a través de un proceso en el cual las ideas y los sentimientos de los llamados intelectuales, son asumidos por la mayoría y se convierten en una fuente de energía que marca una nueva moral a partir de una concepción diferente del mundo. Esta concepción es muy probable que sea bastante distorsionada.

Una educación bien entendida para las personas que pertenecen al pueblo y que les ayude a desarrollar el pensamiento crítico, es fundamental para que tengan una mayor oportunidad de defenderse de los depredadores.

CONCLUSIÓN

*"Todo está perdido cuando los malos
sirven de ejemplo y
los buenos de burla."*
Demócrates

Como se puede apreciar, el hecho de resultar una víctima de un manipulador tiene consecuencias muy serias, por eso es muy importante tener presente lo siguiente:

- Un manipulador utiliza su habilidad para lograr los objetivos, empobreciendo la vida de la víctima y volviéndola vulnerable.
- La acción persuasiva llega a ser tan envolvente que impide pensar en forma racional.
- La persona manipulada suele perder su identidad, dignidad y hasta sus valores personales.
- La víctima se debate entre la realidad y la ficción que su depredador creó para convencer a la víctima.
- La víctima se encuentra sola, sin el apoyo de su familia, dudando de sí misma y angustiada, en un estado de confusión que la tiene desorientada y sin saber qué hacer.
- El persuasor reduce al individuo a su mínima expresión para que esté totalmente bajo su control.
- El manipulador sabe utilizar el lenguaje y sus palabras siempre parecen verdaderas, honestas,

generosas, pero no hay que perder de vista que ejerce la demagogia y sabe convencer.

Llegará un momento en que la víctima tenga sus valores trastocados, se entregará a los procesos instintivos creyendo que es la forma que existe para sentirse pleno. Se habrá olvidado de que la plenitud se logra a partir de los valores. Estos valores cuanto más elevados sean, más ricos serán en matices que llevan a que la persona se libere de falacias con las que un manipulador trataría de envolver a la persona.

De esta forma, trastocando valores y sin la educación apropiada, se regresa a estadios primitivos donde solamente se busca la satisfacción inmediata. Si a esto se le agrega la poca proyección de futuro para los más jóvenes, el punto de quiebre se acentúa en el cual aumenta la delincuencia, como así también el fanatismo y la sociedad pasa a una posición de decadencia, de un círculo del cual parece que no se puede salir.

Los seres humanos, víctimas de una manipulación, deberán reconectar con su familia porque su depredador seguro los separó con argumentos convincentes.

Los individuos, víctimas de un manipulador, seguramente necesitarán el apoyo de su familia y un tratamiento profesional para volver a colocar los valores en su lugar y para aprender a visualizar la realidad de forma objetiva.

Esta persona necesitará que le enseñen de qué manera fue engañada y cómo desvirtualizaron sus pensamientos, emociones y sentimientos.

Por otra parte, es necesario que también aprenda el proceso que lleva a la comprensión y el profundo entendimiento de lo sucedido, llevando a que su pensamiento sea cada vez más racional y menos instintivo. Ser consciente de los puntos débiles que se tienen como así también las fortalezas, le darán una visión diferente y lo prepararán para no caer en manos de futuros depredadores.

De este modo, podrá recuperar sus ideales y encaminar su propósito de vida, volviendo a su verdadera identidad.

Si logras el control de la mente, eres consciente de cómo piensas y cómo vas a reaccionar y se vuelve difícil que alguien pueda manipularte. Además, serás capaz de detectar a este tipo de depredadores y también podrás prevenir a los demás que estén en tu entorno, evitando de esta manera que caigan en la manipulación.

Siempre es importante considerar que una persona manipuladora es inescrupulosa y al detectar los puntos débiles de su futura víctima, no tendrá piedad y lo utilizará siempre que pueda. A pesar de que el manipulador parece una persona fuerte, en el fondo tiene baja autoestima y considera que su vida es un desastre, creyendo que al destruir vidas ajenas logrará que la suya mejore.

Muestran un gran egoísmo y sus habilidades sociales le permiten tapar todos sus problemas, siendo una persona amable, de fácil aceptación en los grupos porque sabe siempre lo que tiene que decir para quedar bien.

A veces se caracterizan por una baja tolerancia a la frustración. Cuando las situaciones no están dentro de sus expectativas, sienten frustración y atacan con sarcasmo a su futura víctima, llegando en ciertas ocasiones a violencia física.

El manipulador no tiene límites en sus peticiones, siempre está pidiendo más y jugando con los límites de su víctima. De esta forma satisface su propio ego además de disfrutar de su victoria porque logra lo que está buscando.

Como ya vimos, hay muchas formas de manipular a los demás, algunas estrategias son agresivas, otras son sutiles, otras son activas y otras son pasivas. La manipulación en su expresión más auténtica es la que se lleva a cabo sin que la víctima se dé cuenta. Sin que note cómo el depredador la motiva para que se comporte de tal o cual manera.

Así es como se le abren los caminos al chantaje emocional y al victimismo. En general, asumen un papel de víctimas ante sus víctimas, con la intención de que éstas sientan culpa. Algunos de estos chantajes son en forma directa con frases como "por tu culpa me siento así". Otros no son tan directos y culpan a terceros utilizando un mecanismo que narra un mensaje tal para que la víctima actual, de algún modo, se sienta identificada y termine diciendo "yo también hice algo parecido". Esta modalidad es mucho más efectiva que el enfrentamiento directo. Los demás siempre van a ser los responsables de su futura infelicidad.

La presión acompaña a esta modalidad de culpa, por ejemplo, cuando se le dice a la víctima *"si no me ayudas con este trabajo, no lo voy a terminar a tiempo y tal vez me despidan".*

Otra forma en la que acometen sobre sus víctimas es resaltando lo mucho que se sacrifican por los demás. Llevan como una especie de agenda donde consta todo lo que fueron capaces de hacer para tu beneficio. Tiene un conteo exacto de cada cosa que hizo.

Si este método no le da resultado, utilizan la acción de ignorar. Hacer como que el otro no existe, es una forma muy cruel de maltrato psíquico, a pesar de ser algo pasivo, lento y sutil. Los seres humanos muestran una gran sensibilidad tanto al rechazo como al hecho de ser ignorado: una mirada que se esquiva o una palabra esperada que no se dice, pueden tener un efecto profundo en la víctima.

La respuesta más habitual por parte de la víctima, en estos casos, es replegarse sobre sí misma y evitar el contacto social. Tiene el intercambio con los demás estrictamente indispensable, mientras que el depredador alterna el hecho de ignorarla con el hecho de decirle que es imprescindible en el trabajo.

Por otro lado, el depredador incluye el victimismo aprovechando la idea de lo mucho que ha hecho por ti. No olvides que todo esto está pensado para hacerte sentir culpable. Además, en algunos casos, será capaz de utilizar la violencia, el acoso moral y la crítica destructiva. Estas críticas del tipo destructivo pueden perjudicar en muchas maneras a la víctima, sobre todo si se produce en el ámbito laboral.

Otra forma de retener a la víctima que tiene el depredador es volverse dependiente de ella. Asume un personaje que no sabe arreglarse solo, que es débil y necesita mucha ayuda. De este modo, desarrolla en la víctima la sensación de ser responsable por este ser que se le acercó lo suficiente como para ser parásito.

Otra forma en que el manipulador puede actuar es haciéndose el interpretador de todo lo que te sucede. Estos personajes son maquiavélicos y también agresivos. Al principio estarán de acuerdo con lo que dices y tus ideas, pero será capaz de tomar tus palabras y usarlas en tu contra. Además, son capaces de encontrar mensajes secretos en las palabras que utilizaste. En este punto es fundamental entender que el idioma es ambiguo y siempre se pueden lograr diferentes interpretaciones de lo que uno dice, sobre todo si se trata de un manipulador hábil con las palabras.

Puede incorporar también el sarcasmo, que siempre es altamente agresivo, a veces en forma indirecta. Las críticas veladas y las humillaciones degradan a la víctima y ponen a su depredador en un rango de superioridad, dando un contrato tácito de obediencia de la víctima a su manipulador.

También existen los que hacen gala de su perfección y que cualquier persona comparado con ellos es ignorante y llena de defectos. Siempre que puede hace notar a los demás sus defectos, generando en los otros inseguridades y falta de fe en sus posibilidades. Así alimentan su ego.

Si crees ser víctima de alguno de estos personajes, pregúntate a ti mismo los siguiente:

- ¿Me siento culpable o inferior?
- ¿Me dejo de lado y priorizo a los demás en todo tipo de relación?
- ¿Me siento respetado o abandonado?
- ¿Siento que mis necesidades son tenidas en cuenta?
- ¿Lo que me piden los demás está dentro de los límites de lo normal?
- ¿Me siento bien conmigo mismo?

El hecho de analizar cómo te sientes, es el punto de partida para empezar a ver si alguien está manipulándote.

Es fundamental tomar conciencia de que todos estos sentimientos llevan a que se violen tus derechos más elementales. Todos tenemos derecho a ser tratados con respeto, a establecer las prioridades tal como las entiendas, tienes derecho a decir que no te sientes culpable y tienes derecho a protegerte frente a este tipo de amenazas mentales, emocionales y físicas. No creas que vas a poder cambiar la mentalidad de una persona manipuladora, tal vez te haga creer que sí y lo utilice para manipularte. Los manipuladores no cambian y lo que conviene es alejarse de ellos.

Cuando se logra una comunicación verdadera, cuando hay principios altruistas en las personas que guían naciones o grupos humanos, se logra el verdadero florecimiento de los seres humanos. Conociendo el hecho de que se puede influir en el pensamiento de otros individuos, está en la decisión de cada uno utilizarlo para lograr el bien común y para que las relaciones personales sean saludables y fructíferas, libres de manipulación.

Gracias por haber elegido mi libro para descubrir el poder de la psicología oscura.
¡Espero que hayas aprendido durante este viaje!

Si te gusta lo que has leído, me gustaría contar con tu opinión y valoración positiva en la página donde lo compraste, porque así me ayudas a llegar a más personas y a tener un impacto positivo en sus vidas.
¡Nos vemos en el siguiente libro!

Saludos,
Robert Dawn.

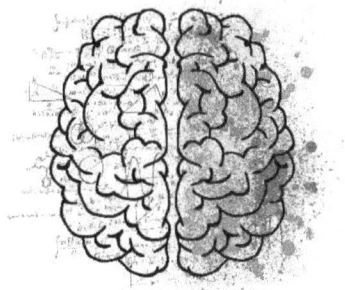

www.ingramcontent.com/pod-product-compliance
Lightning Source LLC
Chambersburg PA
CBHW050219270326
41914CB00003BA/481